STO

Security Token Offering

토큰증권 발행

"여정은 목적지로 향하는 과정이지만, 그 자체로 보상이다."

(스티브 잡스)

현재 미국, EU, 일본, 싱가포르, 홍콩 등 선진 각국은 토큰증권 발행(STO)을 이미 시작했거나 혹은 실행을 위한 준비에 분주하다. 미국, 일본, 유럽연합(EU) 등 일부 국가들은 앞서 STO를 허용했다. 이처럼 선진 각국은 금융혁신의 큰 축인 토큰증권 발행을 위한 긴 여정에 돌입했다.

기존 유가증권 시장의 경우, 일정 규모 이상의 자금력을 가진 투자자만 시장에 참여할 수 있으나, STO를 활용한다면 대부분의 개인투자자까지 투자가 가능하여 투자 저변을 획기적으로 확대할 수 있다. 이처럼, STO는 중간 관리인의 개입을 최소화함으로써 기존 IPO와 비교해 프로세스가 단축되고 운영비용이 최대 40% 절감되는 효과가 있다.

글로벌 STO 시장 규모는 2022년 3천억 달러(370조 원) 규모를 기록했고, 2027년까지 24조 달러(2경9570조 원)에 이를 것으로 전망되고 있다. 금융업계에서는 국내 STO 도입으로 기존 증권시장에 버금가는 큰 장이 설 것으로 기대한다. 국내 토큰증권 시장은 2024년에는 34조 원 규모로, 2030년에는 367조 원에 달할 것으로 예상된다.

STO의 발행으로, 기존 유동화가 어려운 자산을 위주로 토큰화할 수 있어 증권사 입장에서는 새로운 비즈니스 모델이 추가되어 STO 플랫폼을 보유한 증권사의 경우 장외거래와 STO를 통해 수수료 확보가 가능할 것으로 보고 있다.

이를 반영하듯, 최근 STO 관련 샌드박스 신청 기업은 2019년 4곳에서 2023년 1월부터 7월까지 20건으로 5배가 늘었다. 신청 기업이 급증하자 금융위는 '공통 심사기준'을 마련, 선제적으로 제도 정비에 나서 혼란을 줄일 방침인 것으로 알려졌다. 즉 금융위는 과거 규제샌드박스 심사 사례를 전반적으로 분석 · 정리하고 있으며, 업종과 사업 구조가 다르더라도 공통으로 적용할 수 있는 기준 등을 기업에 미리 알리는 방안도 고려 중인 것으로 알려졌다.

최근 금융위가 STO 관련 가이드라인을 발표했다. 본서는 STO 관련 자료의 빈곤 속에서 금융위의 가이드라인 자료를 충실하게 반영하도록 노력하였다. 또한 자본시장연구원(SCM) 자료도 많이 참고하였음을 알려둔다.

아무쪼록 이 책이 STO에 관심있는 분들에게 STO 이해에 조금이나마 도움이 되길 진심으로 바라며, 이 책이 나오기까지 도움을 주신 지식공감 김재홍 대표님과 박효은 디자이너님께 감사를 보낸다.

공동 편저자 이종성, 고종문

목 차 C O N T E N T S

토큰증권의 개념과
규율체계

토큰증권의 개념

토큰증권(Security Token)[1]이란, 분산원장 기술을 활용해 자본시장법상 증권을 디지털화(Digitalization)한 것이며, STO(Security Token Offering)는 토큰증권을 제공하는 것을 말한다. 즉, STO는 해당 암호화폐를 발행한 회사의 자산에 대한 소유권을 가진 토큰증권(Security Token)을 발행하는 것을 의미한다. 여기서 주의할 점은 토큰증권(Security Token)은 수익 점유율이나 의결권과 같은 증권 특성을 가진 암호 토큰을 지칭하는 반면, 토큰화된 증권(Tokenized Stock)은 주식이나 채권과 같은 고전적인 증권의 디지털 표현이다. 그러나 토큰화된 주식(Tokenized Stock)은 공개적으로 거래되는 주식의 가격 작용을 모방한 디지털 자산이다. 이 토큰들은 암호화폐 거래자들이 암호화폐 생태계를 떠나지 않고 주식의 가격 작용에 노출될 수 있도록 한다.

이 책에서는 주로 토큰증권(Security Token)에 대해 논의한다. 결국, 토큰증권 발행(STO)이란 한마디로, ICO + 법적 준수 = STO로 표현할 수

---

1) 금융위, 2023.2, 토큰증권(Security Token) 발행 · 유통 규율체계 정비방안.

•• STO 토큰증권 발행

있다. 금융위는 '토큰증권'(Security Token)을 분산원장 기술(Distributed Ledger Technology)을 활용해 자본시장법상 증권을 디지털화한 것으로 정의했는데, 이는 실물증권·전자증권에 이은 새로운 발행 형태의 증권이다.

최근들어 미국, 일본, 싱가포르 등 세계 주요국에서 토큰증권의 발행 및 유통을 일정한 규제 내에서 허용함으로써, 최근 출현한 다양한 권리의 증권화를 지원하고 블록체인(분산원장) 기술을 활용하여 기존 증권의 발행과 거래를 더욱 효율적이고 편리하게 개선하는 혁신적인 움직임이 급속히 확대되고 있는 상황이다.

토큰증권의 명칭

　토큰증권은 디지털자산 측면에서는 증권이 아닌 디지털자산(소위 '가상자산')과 대비되는 "증권형 디지털자산"이다. 금융위는 증권제도 측면에서는 실물증권과 전자증권에 이은 증권의 새로운 발행 형태라는 점에서 "토큰증권"으로 명칭을 정리하였다. 자본시장법의 규율 대상은 "증권"이며, 발행 형태는 고려하지 않는다.

토큰화 방법

　다양한 자산의 토큰화 방법은 다음과 같다. 주식 자산은 물리적 또는 디지털 엔티티에 대한 소유권이다. 예를 들어 구글에서 10%의 소유권을 가지고 있다면 구글에서 발생하는 순이익의 10%에 대한 권리가 있다. 지분 자산의 소유권은 토큰화되어 소유권의 수익을 소유주 간에 비례적으로 나눌 수 있다.

　주택 등 부동산 자산을 토큰화할 수 있는 두 가지 방법이 있다. 첫째, 부동산을 더 작은 덩어리로 토큰화하는 주식 자산이다. 둘째, 임대료 수입의 토큰화가 가능하다. 상품 자산에 대해 알아보면, 공동 기금은 희귀한 재료 혹은 서비스를 구입하는 데 사용될 경우, 해당 재료 혹은 서비스의 소유권은 토큰화될 수 있다. 토큰증권을 발행하여 서비스를 다른 사람에게 대여하는 경우 고정 수익 자산으로 토큰화할 수도 있다. 그러나 이 과정에서 문제를 복잡하게 만드는 것은 후속 입법에 따라 내용이 변경될 수 있다는 사실이다. 그러나 스마트계약은 불변이다. 일단 계약이 성립되면 이더리움과 다른 블록체인을 사용하지 않는 한 변경할 수 없다. 그러나 스텔라는 스마트계약을 수정할 수도 있다. 이는 STO의 수요가 급증할 경우, 이더리움 블록체인의 효용성은 크게 떨어진다는 것을 의미한다. 이는 ERC20 토큰도 함께 감소된다는 의미이기도 하다.

이처럼, STO는 자산, 그림, 골동품, 자동차, 디지털 아트워크, IP, 노래 등과 같은 광범위한 유형자산뿐만 아니라 전통적인 부채 증권 및 주식을 토큰화하는 데 사용될 수 있다. 이것들은 이전에는 투자자들이 접근할 수 없었던 종류의 자산들이다. 결국 STO는 토큰 또는 암호화 자산을 디지털 네트워크를 통해 사용하고 교환할 수 있는 기본 자산의 공유를 가능하게 한다.

자본시장법상 규율체계

만일 투자자가 얻게 되는 권리가 현행법상 증권에 해당한다면, 어떤 형태를 취하고 있든지 투자자 보호와 시장질서 유지를 위한 공시, 인허가 제도, 불공정거래 금지 등 모든 증권규제가 적용된다. 따라서, 토큰증권은 디지털자산 형태로 발행되었으나 법률상으로는 증권이므로, 당연히 자본시장법의 규율 대상이다.

반면, 증권이 아닌 디지털자산은 자본시장법상 증권규제가 적용되지 않고, 국회에서 입법이 추진되고 있는 디지털자산기본법에 따라 규율체계가 마련될 것이다.

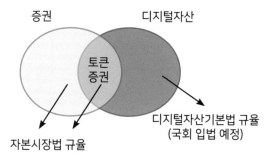

[그림 1] 금융위, 2023.2, 토큰증권(Security Token) 발행·유통 규율체계 정비방안

현행 상법과 전자증권법은 증권의 발행 형태로 실물증권과 전자증권법에 따라 권리를 전자적으로 등록하는 전자증권을 허용하고 있다.

실물증권과 전자증권에는 법상 권리 추정력 등이 부여되어 투자자의 재산권을 보호하고 안정적인 증권 거래가 이루어질 수 있다. 예를 들면, 실물증권 점유자는 적법한 소지인으로 추정하며 실물증권 교부를 통해 양도가 가능하다. 전자등록계좌부에 등록된 자는 적법한 권리자로 추정하며 계좌 간 대체를 통해 양도가 가능하다.

자본시장법상 증권 개념과 증권 발행 형태의 관계는 증권을 "음식"으로, 증권의 발행 형태를 그 음식을 담는 "그릇"으로 비유할 수 있다. 어떤 그릇에 담겨 있더라도 음식이 바뀌지 않는다. 다시 말하면, 발행 형태가 달라진다고 하여 증권이라는 본질이 변하지는 않는다는 점이다. 그러나 아무것이나 음식을 담는 그릇으로 쓸 수는 없듯이, 투자자 보호를 위해 일정한 법적 효력과 요건을 갖춘 발행 형태가 요구되어야 한다. 즉, 음식 종류에 따라 적합한 그릇이 다를 수 있다. 특히, 비정형적인 증권을 소액 발행하는 경우에는 증권사를 통해 중앙집중적으로 전자등록·관리되는 기존 전자증권이 부적합해 새로운 발행 형태가 필요하다.

STO(Security Token Offering)를 허용하는 이면에는 토큰증권의 발행과 유통을 허용함으로써, 최근 출현한 다양한 권리의 증권화를 지원하고 분산원장 기술을 활용하여 기존 증권의 발행과 거래도 더욱 효율적이고 편리하게 개선하려는 의도도 있다. 예를 들면, 비상장주식의 주주

파악이 용이하고, 비상장채권을 소액단위로 발행하여 거래하기 편리한 점이 있다.

이처럼, 토큰증권 발행(STO) 허용은 새로운 그릇을 만들어, 음식 특성에 잘 맞는 그릇을 선택할 수 있도록 허용하는 것이다. 발행인의 선택에 따라 주식·채권 등 정형적인 증권을 토큰증권에 담거나 (비금전신탁) 수익증권 혹은 투자계약증권을 기존 전자증권 형태로 발행하는 것도 가능하다.

II

STO의 역사와 한국의
환경분석

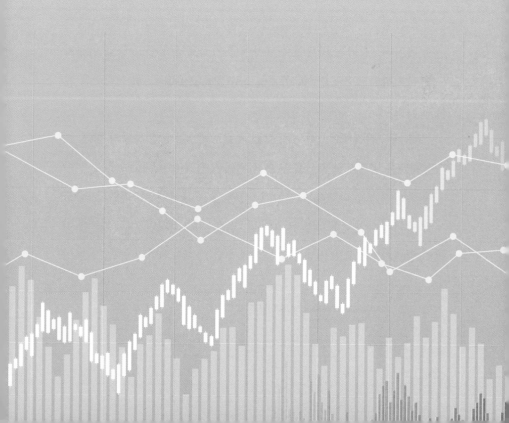

STO의 진화와 역사

:: 등장 배경

IPO(Initial Public Offering, 企業公開)는 회사가 자사주를 주식시장에 등록하여 투자자금을 조달하는 방식이다.[2] 그러나 대부분의 블록체인 관련 스타트업 기업은 주식시장의 상장 기준을 만족하지 못한다. 따라서 이들 기업들은 주식의 발행을 통한 전통적인 자금조달 방식을 사용하지 못한다. 결국 스타트업으로 하여금 자금조달이 쉽고 글로벌 투자자 유치까지도 가능한 ICO(Security Token Offering, 암호화폐 공개)가 각광을 받게 되었다.

ICO는 블록체인 회사가 새로운 프로젝트를 기획하면서 향후 프로젝트를 발전시킬 자금을 모으기 위해 유틸리티 토큰(Utility Token)을 발행하여 자금을 확보하는 것이다. 기존 많은 블록체인 기업의 자금조달 방식은 대체로 ICO였다. 2014년, 단순 암호화폐인 비트코인에 이어 암호화폐의 P2P 거래를 가능하게 하는 스마트계약 기능을 갖춘 이

---

2) http://wiki.hash.kr/index.php/STO를 참조.

더리움 블록체인의 성공으로 ICO 시장은 본격적으로 활기를 띠기 시작했고 이후 ICO 시장은 폭발적으로 성공했다. 특히 2017년 ICO 참여 수요가 증가하면서 암호화폐 가격도 상승하기 시작했다.

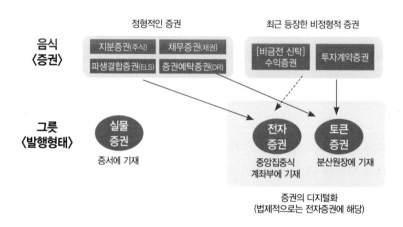

[그림 2] 금융위, 2023.2, 토큰증권(Security Token) 발행·유통 규율체계 정비방안

특히, 이더리움의 가격 상승은 ICO 자금조달 규모를 천문학적인 금액으로 상승시켰으며, 많은 사람들이 암호화폐 업계로 끌어들였다. 하지만 동시에 각종 토큰들이 범람하면서 토큰이 상장되지 못하거나 암호화폐를 개발하지 않은 채 투자자를 유치하는 등 투자자들을 대상으로 한 스캠 사기가 급증했다. 특정 규제가 정해지지 않은 환경에서 진행되어 투자자들은 저렴한 가격에 미리 토큰을 구입한 후, 개인에게 재판매하였고, 자금조달이 끝난 프로젝트팀은 도망가는 경우가 생겼다.

과거, 유가증권으로 선언된 적이 있는 암호화 프로젝트의 예를 보자. 암호화폐에 대한 관심이 높아지자, 미국 SEC는 과거 ICO를 진행한 대부분의 블록체인 프로젝트를 면밀하게 모니터링했다. 텔레그램 TON ICO, ICOBox, Kik 등의 ICO가 좋은 예이다. 특히, ICOBox의 경우 SEC가 'ICOBox'와 설립자 니콜라이 에브도키모프를 상대로 캘리포니아 중부지방 연방법원에 소송을 제기한 것으로 알려졌다. 이유는 다음과 같다. "피고인들은 미등록 증권이었던 토큰을 판매하고 미등록 중개인 역할을 함으로써 연방 증권법을 위반했다"라는 것이 요지였다. 2017년 8월에 제기된 불만 사항은 ICOBox가 연방 증권법에서 요구하는 필요한 정보와 보호를 제대로 제공하지 않고 수천 명의 투자자를 위험한 투자(ICO에서 조달한 약 1460만 달러)에 노출시켰다고 주장했다. 당시 대부분의 프로젝트는 기존 사업 모델이 존재하는 것이 아닌 실체가 없는 비즈니스 모델을 가지고 자금을 조달하였으며, 해당 비즈니스 사업 모델이 운영되기까지는 오랜 시간이 소요되었다. 이렇게 ICO 투자자들은 규제의 보호를 받지 못하면서 단기 수익 실현 투자를 이어갔고, 시간이 흐를수록 피해자도 점점 많아졌다.

　실제로 2018년에 진행된 ICO 프로젝트의 78%는 스캠으로 나타났다. 결국 폭발적인 호황도 잠시 ICO를 이용한 자금조달과 관련된 사기 사건이 급증하면서 2018년 ICO 시장의 하락세가 2019년 2월까지 이어졌다. 2019년 5월까지 성공적으로 자금 모집을 완료한 토큰(ICO, STO, IEO)의 개수는 총 250개뿐이며 투자 규모는 33억 달러에 그쳤다. 하지만 ICO와 관련된 사기 사건이 급증하고 있음에도 ICO는 법적 규제를 받고 있지 않아 관련자들을 처벌하지 못하는 것이 현실이었다. 2018년을 시작으로 ICO 시장은 지속적으로 위축되었고, ICO의 단점을 보완해 법적 규제를 받는 안전한 토큰 제공을 선언하며 STO가 등장하였다. ICO의 문제점을 해결하기 위해 증권시장에서는 상대적으로 낮은 심사 기준을 적용하여 접근성이 높고, 법의 규제를 받아 안전한 STO 투자에 주목하기 시작했다.

STO는 증권의 성격을 가지는 ICO이다. 일반적으로 ICO를 통해 발행되는 토큰은 유틸리티 토큰이라 불린다. 유틸리티 토큰 사용자는 토큰 발행사의 상품이나 서비스를 구매할 수 있는 권한은 갖지만 토큰 발행사에게 이윤에 대한 지분은 요구할 수 없다. 반면, STO로 구매한 토큰증권(Security Token)은 토큰 발행사에 대한 소유권을 의미하며 지분을 소유한다. 일반적으로 주식과 비슷한 개념으로 사용자는 보유한 토큰증권의 개수에 따라 토큰 발행사가 창출한 이윤의 일부를 배당금으로 받거나 발행사의 경영권의 일부를 가질 수 있다. 즉, STO는 자산의 형태에 상관없이 토큰화가 가능하며 STO 토큰의 발행 주체가 영향을 받는 국가의 증권거래법 규정에 따라 자금을 조달한다. 또한 토큰증권을 이용해 자산의 형태에 상관없이 토큰화가 가능하지만 ICO와 다르게 발행 주체가 영향을 받는 국가의 증권거래법 규정을 준수해야 한다는 점에서 ICO의 단점을 보완했다. STO는 본질적으로 블록체인 기술을 사용하는 증권의 제공이다. 이러한 디지털 블록체인 토큰은 블록체인의 컴퓨터 코드 규칙에 따라 생성("코인"), 전송, 구매, 판매 및 파기("연소")할 수 있다. 블록체인은 트랜잭션을 위해 특별히 생성되거나 이더리움 또는 하이퍼레저와 같은 기존 시스템을 사용할 수 있다. 또한 규제 준수를 가능하게 하는 이전 및 기타 제어기능도 포함할 수 있다. 투자자에게 증권으로 판매되기 위해서는 토큰이 미국의 1933년 증권법과 같은 해당 증권법에 따른 요건을 충족해야 한다.

STO는 중개인 및 거래소와 마찬가지로 법적 및 규제 요구 사항, 증권법 외에도 양도성, 전자거래 의무, 보관 규정, 보험 및 인지세도 발생할 수 있다. STO는 거래소에 상장될 수 있으며 전문투자자 또는 공인투자자에게만 제한될 수 있다. 다른 형태의 증권과의 주요 차이점은 구조의 기초가 되는 기술, 즉 블록체인에 있다.

요약해보자. STO란 투자자에게 토큰을 판매하여 자본을 조달하는 형태이다. 이는 ICO와 다소 유사하나, ICO나 IEO에서 코인 혹은 토큰은 프로젝트의 어떤 속성이나 주식(유형)도 나타내지 않는다는 점에서 이들과 다르다. STO에서 토큰은 토큰주식이며, 프로젝트나 회사의 주식, 채권, 펀드, 부동산 등을 나타낼 수 있다. 보유한 토큰증권의 양에 비례하여 투자자들은 배당금, 회사의 운영으로 인한 이익과 주식을 받을 수 있다. 따라서 STO는 전통적인 IPO와 다소 유사하지만 토큰은 블록체인에서 발행하기 때문에 블록체인과 스마트 컨트랙트의 장점도 가지고 있어 ICO와 IPO에 비해 우위를 점하고 있다.

:: 진화과정

STO의 개념은 2017년에 처음 등장했으나 2018년부터 본격적인 주목을 받기 시작했다. PwC 보고서에 의하면 2017년 첫해에 2개의 STO

로 약 2,200만 달러, 2018년도에는 28개의 STO로 약 4억 4,200만 달러로 모금 액수가 늘어났다. 이 기간에는 ICO도 두 배의 성장을 보였지만 글로벌 추세는 STO로 향하고 있으며, STO는 규제 측면과 자산의 토큰화에 관련해 더욱 관심이 고조되고 있다. Cointelegraph Consulting은 STO(Security Token Offering) 시장을 2025년 약 3,900조 원(3 Trillion USD)까지 성장 가능하고 연평균 56.9% 성장할 것으로 전망하고 있다.

STO는 종종 다른 자산, 즉 주식, 채권, 부동산, 지적 재산 등과 같은 상품의 디지털 표현이다. 기업공개(IPO)의 개념과 유사하게, 기업은 새로운 코인을 만들어 투자자들에게 발행함으로써 자금을 조달할 수 있다. 이 아이디어는 처음에 ICO 또는 "초기"의 맥락에서 표현되었다. ICO는 종종 플랫폼이나 아직 구축되지 않은 에코시스템 내에서 사용할 수 있는 가상자산을 발행하는 것을 포함한다. 블록체인을 만들거나 블록체인 관련 벤처기업에 자금을 지원하는 것이다. 그러나 많은 자산이 실제로 투자상품임에도 불구하고 특정 자산은 증권규제에 포함되지 않도록 의도되었다.

IEO(Initial Exchange Offering)는 기본적으로 가상자산 거래소에 직접 상장되는 ICO이며, 경우에 따라서는 규제를 받는 플랫폼이다. 2014년 이더리움의 발행 성공 이후 ICO가 등장했다. 이후 짧은 시간 안에 수많은 ICO가 성공적으로 진행되었고, 2016년에는 폭발적으로 증가했다. 불행히도, 돈을 쉽게 모으는 것은 규제되지 않은 ICO 시장을 이용하여 투자자들을 속이는 나쁜 동기를 가진 시장 참가자들도 생겨났다. 당시, 몇 가지 관련 주요 사기 사건이 언론매체의 헤드라인을 장식했고 투자자들은 많은 유명 스캔들에서 엄청난 손실을 경험했다. 비슷한 시기에 암호화폐 거래플랫폼이 전통적인 증권 유통업자의 역할을 대신하고 암호화폐 자산에 대한 실사 서비스를 진행하여 프로젝트의 신뢰성을 확보한 최초의 IEO가 출범했다. 그러나 IEO조차도 근본적인 문제를 해결하지 못했다.

코인은 기초자산에 의해 뒷받침되지 않는 자산이므로 그 가치는 투기의 대상이 된다. 스캠과 다른 형태의 시장 부정행위로부터 투자자를 보호하기 위해 전 세계 증권 및 기타 금융규제 기관은 암호화폐, 다른 형태의 블록체인 기반 디지털자산 및 ICO의 관련 규제에 중점을 두고 있다. 국제증권위원회(IOSCO)는 국제자금세탁방지기구(FATF)가 자금 횡령 및 기타 형태의 범죄 및 테러 금융시스템 사용에 초점을 맞춰 관련 증권규제 및 감독접근 방식에 대한 글로벌 협력을 조정해 왔다. 오늘날, 규제 당국은 블록체인과 블록체인의 사용에 점점 더 익숙해지고 있지만, 규제 가능한 금융구조를 선호한다.

STO는 금융을 위한 블록체인의 이점을 결합하지만 규제된 환경에서 거래소 기반 및 자산 지원 구조의 가능성이 잠재적 매력을 증가시킨다. 국내 토큰증권 시장은 2024년에는 34조 원 규모로, 2030년에는 367조 원에 달할 것으로 예상되고 있다. 미국 씨티은행은 2030년까지 글로벌 토큰증권 산업 규모를 4~5조 달러(한화 5200~6500조 원)로 예상했다. 그러나 이미 한 조각투자 플랫폼과 MOU를 체결한 증권사 관계자는 수익화에 대한 고민을 털어놨다. 그는 "현재 기업이 IPO를 추진할 때 증권사는 3%의 수수료를 받는 구조인데, 토큰증권은 규모가 훨씬 작은데다 시장이 자리를 잡는 과정이기 때문에 사실상 수수료가 1%대에 불과하다. 따라서 증권사는 수익모델 설정에 대해 고민을 할 수밖에 없다"는 의견도 제시하고 있다.

:: IPO, ICO, STO의 비교

토큰증권을 논의할 때 등장하는 개념이 바로 토큰화된 증권이다. 토큰화된 증권은 실물세계에 가치가 있는 부동산, 미술작품 등의 자산의 소유권을 블록체인을 이용해 토큰으로 발행해 자산에 대한 권리를 분할한 것이다. 주로 더 많은 투자자를 끌어들이고 자산의 유동화를 위해 발행된다. 대한민국의 비브릭(실물자산인 부산지역 빌딩 운영에 따른 수익권을 토큰화), 과거의 카사 코리아(한국토지신탁이 발행한 자산유동화증권의 토큰화)가 추진하는 사업은 사실 토큰증권이 아니라 토큰화된 증권이라고 할 수 있다. 토큰증권은 실물자산이 없고, 프로그래밍이 가능하다는 점에서 토큰화된 증권, 그리고 지금까지의 전통적인 증권들과 다르다. 토큰증권의 가장 큰 목적은 발행을 통한 자금조달이며, 투자자는 해당 증권 자체 매매로 인한 시세 차익이나 배당 등 약정된 수익을 목적으로 한다. 토큰증권에 투자한다는 것은 실물에서의 가치가 아니라 토큰증권 그 자체의 가능성에 투자하는 것이다. 실제로 미국 STO 사례의 발행인은 대부분 분산원장 기술회사였다. 그리고 프로그래밍 가능하다는 것은 토큰증권이 분산원장 기술을 이용해 토큰 자체에 의결권, 고객 확인, 분배금 배당 등 증권의 성격을 부여할 수 있다는 의미다. 엄밀히 구분하면 토큰증권과 토큰화된 증권은 다르지만 토큰화된 증권과 토큰증권이 같은 토큰증권 대체거래소(ATS)에서 거래되고 있는 것이 일반적이고, 분산원장 기술을 이용한다는 점은 같아서 혼용되고 있다.

STO는 실물자산이나 금융자산을 쪼개 블록체인 기반 기술로 거래되도록 한 디지털 자산이다. 대한민국에서는 조각투자 업체들이 일찌감치 이 시장을 선점했다. 음악 저작권료 청구권 플랫폼인 뮤직카우와 미술품 조각투자 업체 등이 대표적이다. STO는 기업공개(IPO)나 암호화폐공개(ICO)처럼 불특정 다수에게서 자금을 모으는데 토큰을 기반으로 한다. IPO와 ICO의 단점을 보완한 것이 장점으로 꼽힌다. IPO 대비 자본 조달 비용과 시간이 적게 들고, ICO보다 투자자 보호 장치가 강력하다.

[표 1] IPO, STO와 ICO의 비교

분류	IPO	STO	ICO
대상물	실제 비즈니스 모델 (회사의 실적, 자금 흐름 등)	실제 비즈니스 모델 이나 실물자산	블록체인 기술 기반의 추상적인 프로젝트 아이디어
투자자금 형태	법정통화	법정통화 및 가상 자산	비트코인, 이더리움 등과 같은 가상자산
출시 과정	IPO 전 많은 의무를 이행, 증권거래 규제 당국의 승인 필요	관련된 증권법 준수, 국가 금융감독기관의 승인 및 규제 필요	금융당국의 승인이나 규정 준수 부재, 블록체인에 스마트계약을 설정하기 위한 기술적 지식과 성공적인 마케팅 필요
발행인	명확	명확	불분명
비용	높음	ICO 대비 높음	매우 낮음
권리	기업의 수익 지분 소유	연동 자산의 지분 및 수익 소유	발행되는 토큰의 구매 권한 소유
법적 규제	적용	적용	미적용

토큰증권의 생태계

    토큰 생태계는 불확실성이 가득하지만 안전하고 인센티브가 부여된 경제시스템을 조정하도록 설계된 분산형 네트워크이다. 토큰증권 생태계는 토큰증권의 발행, 규제 및 거래와 관련된 다양한 주체로 구성된다. 여기에는 발행인, 거래소, 관리인, 규제 기관 및 투자자가 포함된다.

① 발행인

    발급자는 ST(토큰증권 발행)를 통해 토큰증권을 만들고 발급하는 주체이다. STO를 사용하면 발행자는 자산이 유동적인지 유형인지 여부를 고려하지 않고 자산을 토큰화할 수 있다. 이를 통해 자산 소유자는 손쉽게 자본을 조달할 수 있고 자산을 쉽게 거래할 수 있기 때문에 자산에 대한 유동성을 창출할 수 있다. 해밀턴레인, CGS-CIMB증권, SPiCE VC, 노버스캐피탈 등은 이미 부동산, VC펀드, 부채, 주식 등 실물자산을 담보로 토큰증권을 발행한 금융기관들이다.

[표 2] 주요 이해 관계자 요약

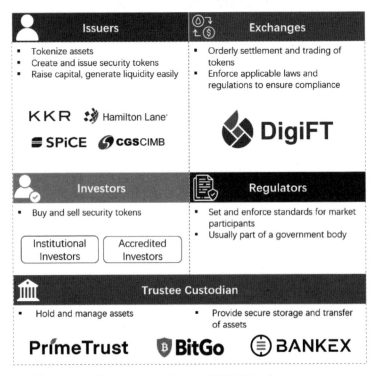

(https://www.digift.sg/weekly_roundup/insights_20230125.html)

② 수탁자 관리자

관리인은 고객을 대신하여 자산을 보유하고 관리하는 금융기관이다. 이들은 자산의 안전한 저장 및 전송을 제공함으로써 토큰증권 에코시스템에서 핵심적인 역할을 한다. 발행인은 자산을 안전하게 보관하기 위해 관리인을 고용한다. PrimeTrust, BitGo 및 BANKEX는 관리서비스 제공업체의 몇 가지 예이다.

③ 교환

거래소는 투자자와 발행인 사이의 다리 역할을 하는 전통적인 증권 거래소처럼 토큰증권을 사고팔 수 있는 플랫폼이다. 그들은 이 토큰들의 질서 있는 결제와 거래에 대한 책임이 있다. 또한 토큰증권거래소는 모든 거래 활동이 규정을 준수하도록 보장하기 위해 적용 가능한 법률 및 규정을 시행할 책임이 있다. 교환은 중앙집중식 또는 분산형 모델이 될 수 있다.

현재 시장에는 규제받는 토큰증권 거래소가 거의 없다. 예를 들어, DigiFT는 싱가포르 핀테크 규제샌드박스[3] 금융청의 첫 번째 분산형 토큰증권 거래소이다.

④ 투자자

투자자는 기관 또는 개인투자자일 수 있는 토큰증권의 구매자 및 판매자이다. 토큰증권 업계의 투자자는 주로 공인투자자와 기관투자자로 구성된다. 공인 투자자의 상태는 개인의 소득 수준과 순자산에 따라 국가마다 다르다.

⑤ 규제 기관

규제 기관은 토큰증권이 해당 법률 및 규정을 준수하도록 규제한

---

3) 사업자가 신기술을 활용한 새로운 제품과 서비스를 일정 조건하에서 시장에 우선 출시해 시험·검증할 수 있도록 현행 규제의 전부나 일부를 적용하지 않는 것을 말하며 그 과정에서 수집된 데이터를 토대로 합리적으로 규제를 개선하는 제도.

다. 그들은 시장 참가자들이 투자자 보호 수준을 달성할 수 있도록 표준을 설정하고 시행한다. 규제를 통해 시장은 효율적이고 투명하며, 투자자들은 공정하고 정직하게 대우받을 수 있으며, 사기를 예방하고 조사할 수 있다. 이러한 규제 기관은 일반적으로 정부 기관의 일부이며 규제는 운영하는 국가에 따라 다를 수 있다.

결론적으로, 토큰증권 생태계는 토큰증권 투자자에게 안전하고 안전한 프레임워크를 제공하기 위해 규제하며, 이를 통해 토큰증권의 문제가 해결되고 있다. 토큰증권은 유동성을 높이고, 비용을 절감하며, 광범위한 투자자에 대한 액세스를 확대함으로써 전통적인 자산을 사고파는 방식에 혁명을 일으킬 수 있는 잠재력을 가지고 있다. 토큰증권을 위한 기술과 인프라가 계속 발전함에 따라 잠재적인 응용 프로그램은 무한하게 확대될 전망이다.

우리나라의 STO 환경분석

:: 현재의 제도

"증권"의 정의는 이미 자본시장법에 규정되어 있다. 토큰증권은 본질적으로 자본시장법상 증권이므로, 발행·유통 규율체계 정비 이전에도 모든 증권규제가 적용되고 있다. 가이드라인에서 토큰증권에만 적용되는 새로운 증권 개념을 제시하거나 기존 증권 범위를 확대·축소하는 것은 아니다. 가이드라인에서 제공하는 적용례 등은 토큰증권의 특성을 감안하여 자율적 판단을 지원하기 위해 마련된 것이다. 증권에 해당할 가능성이 높거나 혹은 낮은 경우를 알아보자. 만일 발행인이 투자자에게 사업 성과에 따라 발생한 수익을 귀속시키는 경우는 전자에 해당하고, 투자자의 권리에 상응하는 의무를 이행해야 하는 자가 없는 경우는 후자에 해당한다.

현행 제도에서는 특정한 방식으로만 디지털증권의 발행이 가능하고, 증권을 다자간에 거래할 수 있는 유통시장도 제한적이다. 전자증권법이 증권을 디지털화하는 방식을 제한하고 있어 증권사 등을 통해서만 가능하고, 토큰증권의 발행은 아직 허용되지 않는다. 최근 조각투자 등과 관련하여 발행 수요가 있는 투자계약증권이나 비금전 신탁 수익증권의 경우, 자본시장법상 유통에 대한 제도가 마련되어 있지 않아 제도권 내에서의 거래가 어렵다.

반면, 토큰증권의 형태로 다양한 권리를 발행 · 유통하려는 시장 수요는 여러 측면에서 제기되고 있다. 증권시장 측면에서는, 기존의 주식 등 정형적인 증권거래소 상장시장 중심의 제도가 충족하지 못하고 있는 다양한 비정형적 증권의 소액 발행 · 투자 및 거래에 대한 요구가 있다. 디지털자산 시장 측면에서는, 그간 규율 공백과 신기술의 편의성을 토대로 빠르게 성장해 온 관련 사업자들이 제도권인 증권 영역까지 진출하려는 시도가 발생하고 있다.

한편, 증권에 해당하는 디지털자산은 현재도 자본시장법상 증권규제를 모두 준수하며 발행 · 유통되어야 한다. 디지털자산 시장의 질서를 잡아가는 한 과정으로, 증권 여부 판단에 대한 불확실성을 최소화해 법 위반 가능성을 방지하고 투자자를 보호할 필요가 있다.

정부는 '디지털 금융 혁신을 위한 국정과제'로, 자본시장법 규율 내에서 STO를 허용하기 위한 토큰증권 발행 · 유통 규율체계 정비를 추진한다. 증권형 코인은 투자자 보호장치가 마련된 「자본시장법」 규율 체계에 따라 발행될 수 있도록 시장여건 조성 및 규율체계를 확립할 예정이다.

:: 시장의 요구

2023년 7월 18일, 코스콤이 매칭데이 참가 회사 중 70곳(발행사 41개사, 금융사 29개사)에 대해 미팅 후, 설문조사에서 '사업 추진의 가장 큰 걸림돌'이 무엇인지 묻는 문항에 금융사 가운데 79%가 '제도'(중복응답 포함)라고 대답했다. STO 관련 사업환경조사에서, 제도 불확실성이 큰 상황에서 정책 대응과 규정 준수가 쉽지 않다는 의견이 다수를 이뤘다. 인프라 구축 및 운영 비용 부담이 사업 추진의 걸림돌이라고 생각한 금융사가 그 뒤를 이어 34%를 차지했다.

유통사 가운데서는 응답 기업의 83%가 '제도'를 가장 큰 걸림돌로 꼽혔다. 이어 인프라 구축 및 운영 비용 부담이 걸림돌이라고 답변한 비율도 49%로 높았다. 코스콤 관계자는 "발행사가 유통사 대비 인프라 구축에 대한 비용 부담을 더 크게 느끼는 것으로 나타났다"고 설명했다.

토큰증권 사업을 추진하는 금융사 대부분(62%)은 토큰증권의 발행과 유통을 모두 준비하고 있다는 답변을 내놨다. 다만 정부는 지난 2월 내놓은 가이드라인을 통해 STO 시장에서 발행과 유통의 주체는 분리돼야 한다는 원칙을 세웠다. 이와 관련해 업계에서는 초기시장의 성장을 저해할 것이라는 우려를 내놓기도 한다. 발행 사업만 추진하는 곳은 전체의 31%, 유통 사업만 추진하는 곳은 전체의 7%로 나타났다.

관심있는 토큰증권 기초자산 유형을 묻는 질문에는 금융사의 71%가 문화콘텐츠를 꼽았다. 다음으로 부동산(66%), 에너지 (55%), 미술품(41%), 농·축·수산물(21%), 선박(17%), 기타(3%) 순서로 나타났다. 대중

접근성과 수익 실현 가능성이 높은 상품이 토큰증권 시장 내 인기 있는 기초자산으로 나타난 것으로 보인다.

2023년 7월, 코스콤은 토큰증권 발행사와 유통사 간 만남의 장인 '토큰증권 매칭데이' 행사를 열었다. 행사는 불확실한 사업 환경 속에서 토큰증권 추진에 어려움을 겪고 있는 발행사와 유통사를 대상으로 활발한 협업 생태계 구축을 통한 토큰증권 사업 선순환을 만들기 위해 마련됐다. 행사에는 국내 증권사 30개사, 은행 3개사, 운용사 1개사 등 34개 금융사와 60여 곳의 발행사가 참여했다

:: 우리나라 정부의 가이드라인

⑴ 금융위의 「조각투자 가이드라인」('22.4.28.)에서 제시한 기본원칙이 토큰증권에도 동일하게 적용

증권인지는 구체적인 사실관계와 제반사정을 종합적으로 감안하며, 권리의 실질적 내용을 기준으로 하여 개별 사안별로 판단한다. 즉, 명시적 계약 · 약관 · 백서의 내용 외에도 묵시적 계약, 스마트계약에 구현된 계약의 체결 및 집행, 수익배분 내용, 투자를 받기 위해 제시한 광고 · 권유의 내용, 여타 약정 등이 여기에 속한다.

또한, 증권인지를 검토 · 판단하고, 토큰증권에 해당할 경우 증권규제를 준수할 책임은 토큰증권을 발행 · 유통 · 취급하려는 당사자에게 있다. 이는 기업이 발행하는 것이 주식 인지 여부를 스스로 판단하고 공시 등 자본시장법상 의무를 이행하고 있는 것과 같다. 만일 해외에서 발행된 경우에도 국내 투자자를 대상으로 청약을 권유하는 등 그

효과가 국내에 미치는 경우에는 우리 자본시장법이 적용된다.

자본시장법을 의도적으로 우회하려는 시도에 대해서는 증권규제의 취지와 투자자 보호 필요성 등을 감안해 적극적으로 해석·적용할 방침이다. 따라서, 현재 국내에서 공모 발행되었거나 시중에서 거래되고 있는 디지털자산이 증권으로 판명될 경우, 발행인 등은 자본시장법을 위반한 것이므로 원칙적으로 제재대상이 된다.

(2) 증권 판단의 예시와 투자계약증권 요건 등에 대한 구체적 설명 제공

자본시장법 위반 가능성을 방지하고 투자자를 보호하기 위해, 증권 판단의 예시와 투자계약증권에 대한 설명을 추가로 제공한다. 적용례를 통해 증권의 개념이 확대 혹은 축소되거나 토큰 형태에만 적용되는 새로운 증권 개념이 생겨나는 것은 아니며, 이는 이해관계인의 자율적 판단을 지원하기 위한 지침일 뿐이다.

어떤 권리가 자본시장법 적용을 받는 증권인지에 대해서는 이미 법률에 명확히 정의(자본시장법 제4조)되어 있기 때문이다. 또한, 2022년 4월 조각투자 가이드라인 발표 이후 당시까지 적용례가 없던 투자계약증권에 대해서도 판단례를 지속 제공하고 있다.

디지털자산이라는 형태적 특성을 고려하여 투자계약증권의 각 요건에 대한 설명을 추가 보완하고, 증권에 해당할 가능성이 높은 경우와 낮은 경우에 대한 예시를 추가하였다. 정부는 향후에도 증권 여부 판단에 대한 적용례 및 판례 등이 축적될 경우, 「토큰증권 가이드라인」에 반영한다는 방침이다.

:: 우리나라의 STO 관련 현황

최근 조각투자에 대한 수요 및 관심이 증가함에 따라 국내 조각투자에 대한 규제 정립 논의가 진행 중이며 STO의 제도권화가 시행되면 조각투자 시장 확대의 제도적 기반이 마련될 전망이다(한아름 선임연구원, KCMI, 2023.1, 국내 토큰증권 발행(STO) 현황 및 시사점).

디지털 생태계에 익숙한 MZ세대를 중심으로 투자행태가 다양해지면서 소액으로도 투자가 가능하여 진입 장벽이 낮고 다양한 자산군에 투자가 가능한 조각투자에 대한 수요가 증가하고 있다. 국내 조각투자 시장은 음원·부동산·미술품을 중심으로 활성화되었으며 2020년을 기준으로 대폭 성장하여 2022년 초 기준 누적 공모금액은 약 2천억 원 규모를 기록했다.

현행 자본시장법에 따르면 금전신탁에 한해서만 수익증권 발행이 가능하였으나 금융위의 혁신금융서비스로 '분산원장 기반 부동산 유동화 유동 플랫폼 서비스'가 지정됨에 따라 카사·루센트블록·펀블 3개사에게는 부동산 신탁계약에 의한 수익증권 발행이 허용되는 등 특례가 적용되었고, 세종텔레콤은 중소벤처기업부의 실증특례 구역 지정에 따라 수익증권 거래를 위한 시장개설 및 금융투자업 영업에 대한 특례를 적용받고 있다.

증권선물위원회가 뮤직카우가 발행한 저작권료 참여청구권의 증권성을 인정하고, 뮤직카우에 투자자 보호장치 마련을 조건으로 자본시장법에 따른 제재 절차를 보류하는 조치안을 의결하면서 운영 중인 조각투자의 증권성 판단 및 규제 정립에 대한 논의가 진행되었다.

참고로, 뮤직카우는 미술품 조각투자 누적 공동구매(아트앤가이드, 아트투게더, 소투, 테사) 규모가 약 963억 원('22.5월 초), 부동산 조각투자 총공모액 653억 원(카사 5개 건물, 비브릭 1개 건물), 뱅카우 누적펀딩액은 35억 원('22.4월), 펀더풀 누적펀딩금액은 167.5억 원('21.3월 말~'21년 말)이었다.

금융위원회는 조각투자 관련 상품을 발행·유통하는 사업화 행위가 증가하고 있는 만큼 일반투자자를 대규모로 유치하면서 해당 규제위험을 확산시키는 사태를 막고, 조각투자 사업의 법적 안정성 및 시장 예측가능성을 높이기 위해 2022년 4월 '조각투자 증권 등 신종증권 사업 관련 가이드라인'을 발표한 데 이어, 2023년 1월 금융규제혁신회의에서 '토큰증권의 발행·유통 규율체계'를 규제 혁신 안건으로 심의하고 국내 STO의 제도권 편입을 위한 계획을 발표했다.

토큰증권의 수요를 제도적으로 포용할 필요성에 따라 그간 국내 법제 하에서는 허용되지 않았던 토큰증권의 발행을 허용하고 안전한 유통체계를 마련하는 것이 목적이다. 새로운 증권 발행 형태인 토큰증권에 대한 자본시장법 적용의 예측 가능성을 높이기 위해 증권성 판단원칙을 제시하고 있다.

증권성은 계약 내용, 이용 약관 등 투자 및 거래 관련 제반 사항을 금융당국이 종합적으로 고려해 사안별로 판단하며 방법·형식·기술과 관계없이 표시하는 권리의 실질적 내용을 기준으로 한다. 투자자가 얻게 되는 수입에 사업자의 전문성이나 사업 활동이 중요한 역할을 하는 경우 투자계약증권 인정 가능성이 상대적으로 높으며 소유권 등을 직접 분할하거나 개별적으로 사용·수익·처분이 가능한 경우에는 증권에 해당할 가능성이 상대적으로 낮다.

토큰증권을 전자증권법상 증권의 디지털화 방식으로 수용함으로써 토큰증권의 발행·유통에 대한 법적 효력을 부여하고 토큰증권의 발행·유통을 허용하는 규율체계에 대한 계획을 제시하고 있다. 전자증권법에 발행인 계좌관리기관을 도입함으로써 일정 요건을 갖추면 증권사를 통하지 않고 토큰증권을 단독 발행할 수 있도록 허용하고 있다. 자본시장법에 투자계약증권·신탁수익증권 장외거래중개업을 신설함으로써 투자계약증권·수익증권의 장외 유통플랫폼을 제도화하고 있다.

국내 증권업계에서는 사업 다각화 및 새로운 수익원으로서 STO 관련 사업에 대한 관심이 증가하고 있으며 시장 선점을 위해 STO 플랫폼 개발, 조각투자사와의 업무협약 체결 등 STO 관련 사업 진출을 준비 중이다. 국내 증권사는 STO 제도권 편입 시기가 가까워짐에 따라 STO 플랫폼 개발 및 조각투자사와의 업무협약 체결 등을 통해 토큰증권의 발행·유통 사업 진출을 준비 중이다. KB증권은 STO 플랫폼 서비스를 위한 핵심기능 개발 작업과 테스트를 마쳤고 유관 부서 실무자로 구성된 TF팀을 운영 중이며 향후 발표될 STO 가이드라인에 따른 보완 사항을 반영하여 올해 상반기 서비스를 실시할 예정인 것으로 알려졌다.

신한투자증권은 합자법인 에이판다파트너스와 함께 추진한 STO 플랫폼 서비스가 혁신금융서비스로 지정됨에 따라 '블록체인 기반의 금전채권 수익증권 플랫폼 서비스'를 올해 하반기 출시할 예정이며 STO

를 활용하여 다양한 조각투자 서비스를 제공하는 종합 플랫폼 사업을 위한 자체 블록체인 인프라도 구축 중이다.

키움증권은 한국정보인증, 블록체인 전문기업 페어스퀘어랩과 업무협약을 체결하고 STO와 유통 플랫폼 구축을 위해 협업 중이며 STO 가이드라인의 허용 여부에 따라 기존 MTS앱에서 올해 중으로 토큰증권 거래 서비스를 제공하는 방안도 준비 중이다.

SK증권은 M&A전문 플랫폼기업인 GBC KOREA, 부동산 조각투자 기업인 펀블 및 미술품 공동구매 서비스 업체인 열매컴퍼니 등과 STO 관련 업무를 협업 중인 것으로 알려지고 있다. 한국투자증권과 하나증권은 부동산 조각투자 플랫폼 루센트블록에, NH투자증권은 수집품 조각투자 플랫폼 트레져러에 투자 및 협업 중이다.

아직 STO가 법제화되지 않은 국내에서는 금융규제샌드박스를 적용받는 일부 기업이 블록체인 기술을 활용하여 부동산 기반 토큰증권의 발행 · 유통 서비스를 제공하는 방식으로 개인투자자에게 부동산 조각투자 기회를 제공하고 있으며, 지정기간 만료에 따른 리스크가 존재한다. GBC KOREA, 카사, 비브릭, 펀블 등은 금융규제샌드박스 적용을 통해 상업용 부동산 실물자산을 수익증권으로 디지털화하여 발행하고 일반투자자도 거래가 가능한 거래플랫폼 서비스를 제공하고 있다.

III

전통적 증권과
토큰증권의 비교

전통적 증권

    증권(Security)이란 재산상의 권리와 의무에 관한 사항을 기재한 서면을 의미하는 말로, 일상적으로 유가증권을 증권이라고 표현하기도 한다. 그러나 엄밀하게 둘은 다른 것이다. 흔히 생각하는 증권과 증권사의 증권은 '유가증권'을 의미한다. 유가증권도 증권의 일종이기에 증권의 개념에 대해 알아야 유가증권도 이해할 수 있다. 법률상의 효력에 따라 유가증권, 증거증권, 면책증권(자격증권), 금(액)권 등으로 나뉜다. 무형의 권리를 증권에 구체화하는 것을 '화체(化體, embody)'라고 하며, 화체된 권리를 증권이 나타내는 것을 '표창(表彰)' 한다고 표현한다.

토큰증권

　토큰증권도 전통적인 증권과 유사하게 발행, 거래, 결제와 청산의 단계를 거친다. 하지만 토큰증권의 법률상 발행 조건과 토큰증권을 다루는 주체들이 다소 다르다. 또한 전통적인 증권은 전자증권 형태로 실물이 있지만 토큰증권은 실물토큰이 없으며 발행과 거래가 모두 분산원장 네트워크상에서 이뤄진다.

　금융위는 2023년 2월 토큰증권 가이드라인을 발표했다. 토큰증권은 그동안 제도권에 편입되지 못한 채 '토큰증권'이라고 불려 왔다. 그러나 최근 금융당국이 새로운 형태의 증권 발행으로 수용하기로 하면서 '토큰증권'이라고 정식 명명했다. 이 가이드라인은 증권에 해당하는 디지털자산에 대한 자본시장 법규적용 가능성을 안내하여 이해관계인 등의 법 위반 가능성을 방지하고 투자자를 보호하는 한편, 향후 추진될 토큰증권의 발행·유통 규율 방안을 안내하여 제도의 예측 가능성을 제고하고 금융 혁신을 도모하기 위한 목적으로 작성되었다.

　자본시장법상 "증권"을 발행하거나 유통하려는 자는 공시, 영업의 인가·등록, 불공정거래 제한 등 자본시장법상 규제를 적용받으며, 이를 위반하면 형사처벌을 비롯한 각종 제재를 받게 된다. 따라서, 디지털자산을 취급하려는 자는 해당 디지털자산이 자본시장법상 "증권"에 해당하는지를 미리 점검해야 하고, "증권"에 해당하면 관련 규제를 준수하여야 한다.

[표 3] 전통적인 증권과 토큰증권의 비교

단계		전통적인 증권	토큰증권
1차 발행	발행	발행인 : 발행 규모 및 주관사 결정 주관사 : 증권 발행 주관	발행인 : 발행 규모 및 발행플랫폼 사 결정 발행플랫폼 : 토큰증권 발행 주관
	청약·배정	투자자 : 거래소 상장 예정인 증권을 주관사 계좌를 통해 공모가로 청약 주관사 : 증권 발행 주관	투자자 : 발행 예정인 토큰증권을(브로커-딜러를 통해) 공모가로 청약(주로 적격투자자만 허용) 발행플랫폼 : 스마트계약을 이용해 투자자에게 토큰증권 배정 발행인 : 발행 규모 및 발행플랫폼 사 결정 발행플랫폼 : 토큰증권 발행 주관 투자자 : 발행 예정인 토큰증권을(브로커-딜러를 통해) 공모가로 청약(주로 적격투자자만 허용) 발행플랫폼 : 스마트계약을 이용해 투자자에게 토큰증권 배정
	명의 변경	명의개서대리인 : 주주명부 관리 기록	명의개서대리인 : 주주명부 관리 기록
2차 시장	주문·체결	투자자 : 거래소에 사장된 증권을 브로커-딜러 통해 주문	발행인·발행플랫폼 : 발행플랫폼에서 거래플랫폼으로 토큰 연결 거래플랫폼 : 토큰 상장 및 관리 투자자 : 원하는 토큰이 상장된 ATS에서 (브로커-딜러 통해) 토큰 주문
청산		중앙청산소를 통한 청산·소유변동내역 장부에 기록	중앙청산소를 통한 청산·소유 변동 내역 분산원장에 기록
증권규제 준수			

•• STO 토큰증권 발행

디지털자산의 증권 여부 판단기준

:: 디지털자산의 증권 여부 판단원칙

　자본시장법은 증권을 내·외국인이 발행한 금융투자상품으로서 투자자가 취득과 동시에 지급한 금전 등 외에 어떠한 명목으로든지 추가로 지급 의무를 부담하지 아니하는 것으로 정의한다.

　금융투자상품은 '이익을 얻거나 손실을 회피할 목적으로 현재 또는 장래의 특정 시점에 금전, 그 밖의 재산적 가치가 있는 것을 지급하기로 약정함으로써 취득하는 권리로서 그 권리를 취득하기 위하여 지급하였거나 지급하여야 할 금전 등의 총액이 그 권리로부터 회수하였거나 회수할 수 있는 금전 등의 총액을 초과하게 될 위험이 있는 것'으로 정의한다. 증권에 해당하는지는 권리를 표시하는 방법과 형식(예: 실물증서 발행, 전자등록 등), 특정 기술 채택 여부(예: 분산원장 기술 활용 등), 명칭 등에 관계없이 그 권리의 실질적 내용을 기준으로 한다. 증권에 표시될 수 있거나 표시되어야 할 권리는 그 증권이 발행되지 아니한 경우에도 그 증권으로 본다.

디지털자산이 증권인지 아닌지를 판단할 때는 명시적 계약 · 약관 · 백서의 내용 외에도 묵시적 계약, 스마트계약에 구현된 계약의 체결 및 집행, 수익 배분 내용, 투자받기 위해 제시한 광고 · 권유의 내용, 여타 약정 등 해당 디지털자산 관련 제반 사정을 종합적으로 감안하여 사안별로 판단한다. 기존 규제를 의도적으로 우회하려는 시도에 대해서는 자본시장법의 취지와 투자자들의 피해 가능성을 감안해 적극적으로 해석 · 적용한다.

자본시장법 적용과 관련한 증권 여부 판단과 별도로, 디지털자산의 발행 · 유통 등과 관련된 행위가 특정 금융거래정보의 보고 및 이용 등에 관한 법률, 전자금융거래법, 금융소비자보호법, 유사수신행위의 규제에 관한 법률 등 자본시장법 외 여타 법률의 적용 가능성에 대해서는 개별적으로 검토 · 확인할 필요가 있다.

증권은 채무증권, 지분증권, 수익증권, 투자계약증권, 파생결합증권, 증권예탁증권의 6가지로 구분하되, 집합투자업자가 집합투자를 수행하기 위해 설정한 기구에 대한 수익권이나 출자지분이 표시된 것은 별도로 집합투자증권으로 규정한다. 디지털자산의 투자자가 얻는 권리가 다음 6가지 유형의 증권에 해당하는지를 개별적으로 검토하는 것이 필요하다.

디지털자산의 증권 판단(예시)

아래의 내용은 증권의 법적 요건을 열거한 것이 아니라 디지털자산이 증권인지를 판단할 때 고려되는 요소 예시를 통해 제시하려는 것으로, 새로운 증권 개념을 제시하거나 기존 증권 범위를 확대·축소하는 것은 아니다.

❶ 증권에 해당할 가능성이 높은 경우(예시)
- 사업 운영에 대한 지분권을 갖거나 사업의 운영성과에 따른 배당권 및 잔여 재산에 대한 분배 청구권을 갖게 되는 경우 (예: 지분증권)
- 일정 기간 경과 후 투자금을 상환받을 수 있는 경우 (예: 채무증권)
- 신탁의 수익권을 갖게 되는 경우 (예: 수익증권)
- 자본시장법상 기초자산의 가격변동에 연동하여 사전에 정해진 방식대로 달라지는 회수금액을 받는 경우 (예: 파생결합증권)
- 예탁된 다른 증권에 대한 계약상 권리나 지분 관계를 가지는 경우(예: 증권 예탁증권)
- 발행인이 투자자의 금전 등으로 사업을 수행하여 그 결과로 발생한 수익을 귀속시키는 경우. 특히 투자자 모집시 사업을 성공시킬 수 있는 발행인의 노력·경험과 능력 등에 관한 내용이 적극적으로 제시된 경우(예: 투자계약증권)
- 투자자에게 지급되는 금전 등이 형식적으로는 투자자 활동의 대가 형태를 가지더라도, 해당 대가의 주된 원천이 발행인이 투자자의 금전 등으로 사업을 수행한 결과로 발생한 수익이고 해당 대가가 투자자 활동보다는 사업 성과와 비례적인 관계에 있어 실질적으로 사업 수익을 분배하는 것에 해당하는 경우. 특히 투자자 모집시 사업 성과에 따른 수익 분배 성격이 적극적으로 제시된 경우(예: 투자계약증권)

❷ 증권에 해당할 가능성이 낮은 경우(예시)

– 발행인이 없거나, 투자자가 가진 권리에 상응하는 의무를 이행해야 하는 자
 가 없는 경우

– 디지털자산에 표시된 권리가 없거나, 사업 수익에 대한 투자자의 권리가 없
 는 경우

– 현재 또는 미래의 재화·서비스의 소비·이용을 목적으로 발행되고 사용되
 는 경우

– 지급결제 또는 교환매개로 활용하기 위해 안정적인 가치유지를 목적으로
 발행되고 상환을 약속하지 않는 경우

– 투자자가 사업의 관리·운영에 일상적으로 참여하여 사업에 대한 정보비대
 칭성이 없는 경우

– 투자자가 사업의 성패를 좌우하는 중요한 재화·용역을 제공하고 그 대가에
 해당하는 금전 등만을 받는 경우

– 실물자산에 대한 공유권만을 표시한 경우로서 공유목적물의 가격·가치
 상승을 위한 발행인의 역할·기여 및 이익 귀속에 대한 약정이 없는 경우

: : 투자계약증권 해당 여부 판단 여부

증권 중 채무증권(예: 채권), 지분증권(예: 주식), 수익증권(예: 펀드), 파생
결합증권(예: ELS, ETN), 증권예탁증권(예: DR)은 정형화된 증권으로 적용
례가 보편적으로 형성되어 있어 해당 여부 판단이 상대적으로 명확하
다. 반면, 투자계약증권은 다른 5가지 증권 유형에 해당하지 않는 경
우 보충적으로 적용되는 자본시장법의 포괄주의 규제원칙에 기반한
개념으로 그 적용 범위가 폭넓게 인정될 수 있다. 자본시장법상 투자
계약증권의 정의와 요건은 다음과 같이 구성되며, 디지털자산이 이에

해당하는지를 면밀히 검토할 필요가 있다.

투자계약증권은 '특정 투자자가 그 투자자와 타인 간의 공동사업에 금전 등을 투자하고 주로 타인이 수행한 공동사업의 결과에 따른 손익을 귀속 받는 계약상의 권리가 명시된 것'으로 정의된다. 법상 정의에 따른 투자계약증권의 주요 요건은 다음과 같다.

첫째, 공동사업은 수평적 공동성 또는 수직적 공동성이 있는 경우 공동사업에 해당한다. 수평적 공동성이란 2인 이상 투자자 간의 수익 관련성이 있는 경우이고 수직적 공동성이란 투자자와 발행인 간의 수익 관련성이 있는 경우가 이에 해당한다.

둘째, 금전 등을 투자하는 경우이다. 투자되는 금전 등은 반드시 법정통화(금전)일 필요는 없으며, 법정통화와의 교환 가능성, 재산적 가치의 유무 등을 종합적으로 고려해야 한다.

셋째, 주로 타인이 수행하는 경우다. 이는 타인(발행인)의 노력이 부정할 수 없을 정도로 중대하고 사업의 성패를 좌우하는 필수적인 경영상의 노력이어야 한다. 발행인이 모든 사업을 직접 수행하지 않더라도, 투자자 외에 사업 주체의 공동적·집단적 노력이 있는 경우를 포함한다. 발행 주체와 사업 주체가 형식적으로만 상이한 경우에도 공동 발행인으로 볼 수 있다. 만일 투자자가 사업 일부를 수행하는 경우에도 사업의 대부분의 사항에 대한 정보비대칭성이 있는 경우에도 주로 타인이 수행한 것으로 볼 수 있다.

넷째, 공동사업의 결과에 따른 손익을 귀속 받는 계약상의 권리로, 이는 조각투자는 동 요건이 충족되는 것을 전제로 금융위가 「조각투자 등 신종증권 사업 관련 가이드라인」을 제시한 바 있으나, 디지털자산은 이에 대해 별도의 판단이 필요하다. 장래 일정 시점이 도래하거나 일정한 객관적 조건(예: 매출액 목표)이 달성되면 사업 결과에 따른 손익을 귀속 받기로 계약한 경우도 포함될 수 있다. 투자자의 권리가 스마트계약을 통해 이행되나 그 스마트계약의 구현을 계약으로 약속한 발행인이 있다면 발행인에 대한 계약상 권리로 해석할 수 있으며, 발행인 등이 투자자의 금전 등으로 사업을 수행하고, 수행한 사업의 성과에 따른 수익을 귀속시키기로 약속한 예도 이에 해당한다. 특히 약속한 수익이 사업에서 발생한 매출 · 이익과 비례관계에 있거나, 사업에서 발생한 매출 · 이익을 환산하여 분배하기로 약속하면 공동사업의 결과에 따른 손익에 해당한다. 발행인이 투자자에게 사업 수익을 직접 분배할 것을 명시적 · 묵시적으로 약속하거나, 발행인이 제삼자와의 계약 등을 바탕으로 해당 제삼자가 투자자에게 사업 수익을 분배할 것을 약속하는 등 투자자와 발행인 간 계약에 따른 수익 청구권이 인정되어야 한다.

다섯째, 이익획득 목적이 있어야 한다. 투자자는 투자 이익을 목적으로 금전 등을 투자하였어야 한다.

하위테스트(Howey Test)란 어떤 거래가 투자에 해당하는지를 판단하기 위해 사용하는 테스트이다. 만약 투자에 해당하면 증권법의 규제를 받아야 한다. 하위테스트 또는 호위테스트라고도 한다. 하위테스트의 4가지 기준은 다음과 같다.

첫째, 돈(money)을 투자한 것이어야 한다. 돈이란 현금뿐 아니라 현금과 동일한 가치를 가지는 수표, 유가증권, 금 등을 포함한다. 돈으로 비트코인이나 이더리움 등 암호화폐를 구매한 뒤, 암호화폐로 투자한 경우에도 돈을 투자한 것으로 본다. 개인의 노동력이나 정신적 기여 등은 돈이 아니므로 투자로 보지 않는다.

둘째, 자신이 투자한 돈으로부터 일정한 수익(profit)을 얻을 수 있을 것이라는 기대가 있어야 한다. 수익에 대한 기대가 없이 단순히 돈을 건네준 것은 기부 또는 증여에 해당하므로 투자로 보지 않는다.

셋째, 다수의 사람이 투자한 돈은 공동 기업에 속해야 한다. 공동 기업(common enterprise)이란 특정한 목적을 이루기 위해 자산을 모으는 투자자들의 수평적인 집단을 말한다. 공동 기업은 재단법인이나 사단법인 형태가 될 수도 있고, 개발 회사나 개발팀이 될 수도 있다.

넷째, 수익은 자기 노력의 대가가 아니라 돈을 모은 발기인이나 다른 제삼자(third party)의 노력 결과로부터 나와야 한다. 자기 노력의 결과로 수익을 얻는 경우는 투자로 보지 않는다.

하위테스트는 암호화폐 거래와 ICO 등에 적용될 수 있다. 특정 암호화폐 거래와 ICO가 투자에 해당하여 증권법의 적용 대상이 되는지 아닌지를 판단하기 위해 1946년 미국 대법원이 제시한 하위테스트를 진행할 수 있다. 하위테스트의 4가지 기준을 모두 충족하면 해당 암호화폐 거래와 ICO 등은 투자로 볼 수 있으므로 증권법의 적용 대상이 되지만, 그렇지 않으면 투자로 볼 수 없으며 증권법의 관리 감독 대상이 되지 않을 수 있다.

하위테스트 결과

하위테스트 결과 비트코인, 라이트코인, 이더리움 등은 토큰증권에 속하지 않으므로 증권법의 적용 대상이 아닌 것으로 볼 수 있다. 하지만 2017년 이후 전 세계적으로 진행된 상당수의 암호화폐 프로젝트와 ICO는 특정한 프로젝트 진행 주체가 있고 투자에 따른 수익을 약속하고 그 수익이 제삼자의 노력으로부터 나온다는 점에서 하위테스트의 4가지 기준을 모두 충족하여, 투자로 볼 수 있고 따라서 증권법의 적용 대상이 된다. 한편 일부 유틸리티 토큰과 결제용 토큰은 투자 수익을 목적으로 하는 토큰증권에 속하지 않는다는 의견이 많다.

토큰증권이 아닌 경우

비트코인(Bitcoin) : 비트코인은 토큰증권이 아니다. 비트코인을 거래하기 위해 돈을 지불하고 그 투자로부터 수익을 얻으리라는 기대를 할수 있으나, 비트코인을 구매하기 위해 지불한 돈이 공동 기업(common enterprise)에 있는 것이 아니고, 비트코인의 가격을 올리기 위해 노력하는 발기인(promoter) 또는 제3자(third party)가 존재하지 않으므로, 비트코인은 증권으로 볼 수 없다. 비트코인은 2009년 1월 3일 사토시 나카모토(Satoshi Nakamoto)라는 가명을 사용하는 사람에 의해 창시된 후 특정한 중앙 운영 주체가 없이 탈중앙화 분산형 방식으로 작동하고 있으므로, 하위테스트에 의한 토큰증권으로 규정하기 어렵다. 미국 증권거래위원회(SEC) 제이 클레이튼 위원장은 "분산화 특징을 지닌 비트코인 같은 자산은 대개 증권의 정의에 부합하지 않는다"라고 말했다.

라이트코인(Litecoin)

라이트코인은 비트코인과 마찬가지로 특정한 운영 주체가 없이 광범위하게 분산되어 탈중앙화되어 있고, 비록 찰리 리(Charlie Lee)라는 창시자와 라이트코인재단이 존재하지만 이들의 노력으로 라이트코인 가격이 상승하는 것이 아니기 때문에 토큰증권으로 보기 어렵다.

토큰증권에 해당하는 경우

전 세계적으로 진행된 상당수의 암호화폐 ICO는 하위테스트 4개 기준을 충족하므로 토큰증권에 해당한다고 볼 수 있다. 개별 암호화폐별로 다소간의 차이는 있겠으나, 일반적으로 암호화폐 ICO는 다음과 같은 4가지 하위테스트 기준을 모두 충족한다.

첫째, 암호화폐 ICO 참가자들이 현금 또는 다른 암호화폐로 돈(money)을 투자하였다.
둘째, 투자로부터 수익(profit)을 얻으리라는 기대가 있었다.
셋째, 이들이 투자한 돈은 ICO를 진행한 재단법인 또는 암호화폐 개발팀이라는 공동 기업(common enterprise)에게 흘러들어갔다.

넷째, 코인 투자자들의 수익은 자신의 노력이 아니라, 코인 개발 회사 등 제3자(third party)의 노력으로부터 나온다.

이런 점에서 암호화폐 ICO 방식으로 자금을 모집한 상당수의 프로젝트는 토큰증권으로 간주되어 증권 관련 법률의 규제 대상이 될 수 있다.

2018년 11월 16일 미국 증권거래위원회(SEC)는 '디지털자산 증권 발행 및 거래에 관한 성명'을 발표하고, 투자계약을 통해 발행 판매되는 디지털자산은 거래 과정에서 어떤 명칭이나 기술이 사용되더라도 증권으로 볼 수 있다고 말했다. 제이 클레이튼 증권거래위원장은 "ICO는 효과적인 자금조달 수단일 수 있다"라고 하면서, ICO 진행 시 "증권법은 반드시 따라야 한다"라고 강조했다.

토큰증권으로 시작했으나 탈중앙화가 진행된 경우

이더리움(Ethereum)

이더리움은 미국 증권거래위원회(SEC)에서 한때 토큰증권에 해당하는 것으로 간주하기도 하였으나, 이미 ICO를 진행한 후 오랜 시간이 흘렀고, 특정한 중앙 운영 주체가 없이 광범위하게 분산되어 있으며, 비록 비탈릭 부테린(Vitalik Buterin)이라는 창시자와 이더리움재단이 존재하지만, 이들의 노력으로 이더리움 가격이 상승하는 것이 아니기 때문에 토큰증권으로 볼 수 없다는 판단이 내려졌다.

미국 증권거래위원회(SEC) 의견 : 2018년 6월 '야후 파이낸스 서밋' 행사에서 미국 증권거래위원회 기업금융국장 윌리엄 힌만(William Hinman)은 이더리움은 증권으로 보기 어렵다고 의견을 제시했다. 비록 ICO를 통해 자금을 모집한 이더리움의 초기 판매 방식이 증권의 성질을 가졌다고 하더라도 그 후에 이더리움 네트워크가 충분히 탈중앙화되면서 수익 창출을 보장해 주는 특정한 제3자를 지목하기 어렵게 되었으므로 이더리움은 증권이 아니라는 의견이었다. 9월 28일 미국 공화당 의원인 테드 버드(Ted Budd)는 증권거래위원회에 이 문제에 대한 의견을 묻는 서신을 보냈고, 제이 클레이튼(Jay Clayton) 증권거래위원장은 디지털자산에 대해 윌리엄 힌만의 의견에 동의한다는 답변을 보냈다. 그는 비록 디지털자산이 처음에 투자계약을 통해 제공되거나 판매되었다고 할지라도, 이후 경영 및 관리를 책임질 특정인이나 조직이 없다면 투자계약에 대한 정의에 부합하지 않게 된다고 말했다.

탈중앙화(脫中央化, decentralization)

이더리움뿐 아니라 다른 암호화폐도 개발 초기에 ICO를 통해 투자자금을 모집하여 토큰증권에 속하게 되었다고 할지라도, 오랜 시간이 지나 탈중앙화가 진행되어 더 이상 암호화폐 투자 수익을 보장하는 제3자를 특정하기 어려운 경우에는 하위테스트를 통과하지 못하기 때문에 토큰증권이라고 볼 수 없게 된다. 결국 특정한 암호화폐가 토큰증권에 속하는지 아닌지는 탈중앙화가 충분히 진행되었는지에 따라서 판단이 내려져야 한다. 투자 수익을 보장하는 중앙화된 운영 주체가 존재할 때는 해당 암호화폐는 토큰증권에 속한다고 할 수 있지만, 충분히 탈중앙화가 진행되어 투자 수익을 보장하는 제3자를 특정하기 어려운 경우에는 토큰증권으로 보기 어렵다는 것이다.

논란이 있는 경우

유틸리티 토큰(utility token) : 유틸리티 토큰(기능성 토큰)에 속하는 암호화폐들은 토큰증권에 해당하지 않는다는 의견이 있다. 가장 대표적인 사례로 스팀(Steem)의 경우, 스팀잇(Steemit)이라는 온라인 블로그 사이트에서 글을 쓰고 댓글을 달고 클릭을 하는 등 사용자 본인의 노력과 기여 행위를 통해서 코인을 발급받고 그러한 노력의 결과로 코인의 가치가 올라갈 수 있으므로, 단순히 제삼자의 노력으로 투자 수익이 발생한다고 볼 수 없다는 의견이 있다. 즉, 스팀 코인의 경우 하위테스트의 1번~3번 기준은 충족하지만, 4번 기준인 "제삼자의 노력으로부터 수익이 나온다"기보다는 "사용자 본인의 기여와 노력으로부터 수익이 나온다"라고 볼 수 있다는 것이다. 하지만, 이 경우에도 제삼자인 스팀잇 운영 회사의 노력 결과로 스팀 코인의 가격이 오르거나 내리는 데 영향을 끼칠 수 있으므로, 토큰증권인지 아닌지 명확하지 않다는 반대 의견도 있다. 비슷한 이유에서, 인터넷 커뮤니티나 포털 사이트 등에서 실제 사용할 목적으로 만든 유틸리티 코인은 토큰증권에 속하지 않는다는 의견이 많다.

결제용 토큰(payment token)

결제용 토큰은 토큰증권에 해당하지 않는다는 의견이 있다. 결제용 토큰은 실생활에서 상품과 서비스를 구매하고 그 대가로 지불하는 암호화폐로서, 투자 수익을 기대하기보다는 실제 사용을 목적으로 하기 때문에 증권으로 보기 어렵다는 주장이다.

| 암호화폐 | ICO | 비트코인 | 이더리움 | 라이트코인 | 스팀 | 테라 |

예를 들어, 테라(Terra) 등 인터넷 쇼핑몰에서 달러화나 원화 등 법정화폐에 가치를 고정하여 페깅된 스테이블코인의 경우에는 투자 수익을 목적으로 하는 것이 아니므로 토큰증권으로 보기 어렵다는 의견이 다수이다.

스위스의 금융시장감독기구 핀마(FINMA)의 가이드라인에 따르면 결제용 토큰은 증권이 아니고 스위스 자금세탁법의 적용은 받는다.

STO 규정(STO Regulation)

토큰증권은 특정 연방 증권규정의 적용을 받기 때문에 초기 단계부터 규정을 준수한다. 미국의 토큰증권은 다음 규정을 따라야 한다.

규정 D

규제 D는 증권거래위원회(SEC) 규정으로 스타트업이나 중소기업이 증권을 SEC에 등록할 필요 없이 채무증권이나 지분매각 등을 통해 자금을 조달할 수 있도록 한 제도이다. 회사는 이사와 임원의 이름과 주소, 그리고 제공과 관련된 몇 가지 세부사항을 포함하여 D 양식을 제출해야 한다.

규정 S

규정 S는 미국 및 미국 이외의 기업이 미국 밖에서 자금을 조달할 수 있는 SEC 준수 방법을 제공한다. 미국에 본사를 둔 기업은 규정 S를 사용할 필요가 없다. 이 규정의 적용을 받는 공모주는 채무증권과 지분증권을 모두 발행할 수 있다. 창작자들은 그들이 실행될 수 있는 국가의 증권규정을 따라야 한다.

규정 A+

규정 A+는 최대 5천만 달러의 투자를 위해 일반적인 권유를 통해 작성자가 비인가 투자자에게 SEC 승인 증권을 제공할 수 있도록 한다. 규정 A+를 사용하면 미국 또는 캐나다 기업은 대규모 자금조달을 위해 벤처 투자가의 개인 자금과 공공 자금을 결합할 수 있다.

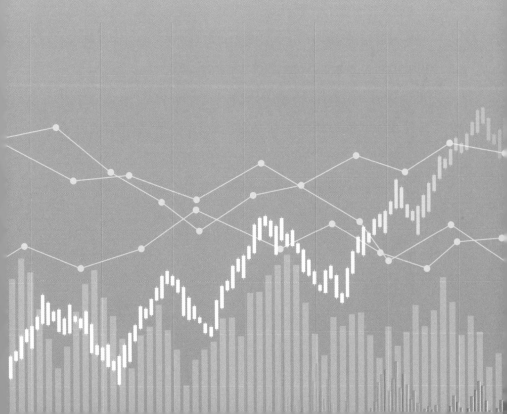

IV

STO의 프로세스 및 장점과 단점

STO의 프로세스

STO의 작업은 6단계로 나눌 수 있다. 기업이 토큰증권을 발행하기 위해서는 아래의 모든 단계를 완료해야 한다.

① 프로젝트 준비

프로젝트 설립자와 개발자는 이 첫 번째 단계에서 비즈니스 아이디어와 계획을 작성한다. 이 프로젝트는 이 단계에서 팀원과 조언자를 임명한다. 프로젝트 준비와 관련, 기술팀은 프로젝트와 관련된 모든 세부 사항을 설명하는 백서를 준비한다. 이러한 세부 정보는 프로젝트의 토큰 발행을 수락하는 데 중요한 역할을 한다. 또한, 이 초기 단계는 디지털 기술 및 관련 서비스 공급자 선택과 같은 중요한 결정을 내리는 데에도 사용된다. 또한, 프로젝트의 자본 요구량에 대한 계산, 대상 투자자 식별 정보를 준비해야 한다.

② STO 구조 설계

프로젝트와 관련한 STO를 잘 구성할 자격을 갖춘 기업 재무 자문관은 임명한다. 여러 조언자는 창립자 및 다른 팀원들과 협력하여 토큰 제공을 위한 구조를 만든다. 또한 법률 고문은 다음과 같은 업무를 수행하도록 임명된다. STO 규정을 평가하고, 토큰의 최소 잠금 기간을 결정하며, 투자자 요구 사항을 분석고, 적용할 수 있는 면제 사항을 파악한다. 이 단계에서는 프로젝트의 비전을 지원하는 적절한 관할 구역이 선택된다. 이러한 선택은 토큰 발행을 통합하고 판매하는 데 도움이 된다.

③ 기술 선택

STO는 블록체인 기술에 의해 구동되기 때문에 적합한 플랫폼을 선택하는 것이 중요하다. 이 단계에서 프로젝트는 블록체인 서비스 공급자에게 접근한다. 특히, 기술 선택의 경우, 토큰증권은 비즈니스 아이디어, 비전 및 가치 평가를 기반으로 생성되므로 이 프로젝트는 미래 투자자들을 위한 포털을 개발해야 한다. 투자자는 이 포털을 사용하여 자금세탁방지(AML)를 확인하고 고객을 즉시 알 수 있다. 또한 이 플랫폼을 사용하여 암호화폐 지갑을 연결할 수 있다.

④ 금융 서비스 제공업체 선정

회사는 토큰증권 판매를 돕기 위해 중개인 및 감시 요원을 임명해야 한다. 이들은 토큰 발행을 감시한다. 또한 보관자도 지정되어 보관되는바, 여기서 기술팀은 법정 지불 시스템을 구현할 수 있도록 해야 한다.

⑤ 모금

자금조달의 주요 단계는 잠재적인 투자자를 찾는 것이다. 나중에 브로커는 투자자들과의 미팅을 주선하고 제공 문서를 공유한다. 온라인 마케팅은 투자자와 직접 접촉하는 것 외에도 STO 자금조달에 중요한 역할을 한다. 적극적인 소셜 미디어 캠페인은 이미 토큰 발행을 홍보하는 일반적인 프로세스가 되었다.

⑥ 토큰증권 목록

마지막 단계에는 STO에 대한 교환 선택이 포함된다. 정부 규제 기관은 이러한 교환을 승인해야 한다.

상기의 과정이 완료되면 토큰증권을 판매할 수 있다. 또한 판매 이후에도 플랫폼은 물론 프로젝트의 개발 내용을 정기적이고 지속적으로 업데이트를 해야한다.

STO의 시장 참여자

    토큰증권의 발행에는 발행인(주로 블록체인 기업), 발행플랫폼(토큰증권의 발행 주관 주체로 대한민국의 경우 주관사와 유사한 역할)과 수탁인, 명의개서대리인, 거래플랫폼(대체거래소), 브로커-딜러(대한민국의 투자매매 및 중개 인가와 유사)가 관여한다. 증권 발행규제로 인해 발행 주권을 위해서는 적절한 인가가 필요하지만 그 과정이 쉽지 않기 때문에 미국에서는 전문적인 발행플랫폼이 원스톱 서비스로 주관, 명의개서대리, 브로커-딜러, 심지어 2차 거래소 역할을 모두 수행하는 경우가 많다. 대표적인 발행플랫폼인 시큐리타이즈(Securitize)는 발행 프로토콜을 제공(토큰의 프로그래밍)할 뿐 아니라 명의개서대리, 2차 시장에서 거래소 플랫폼을 제공한다. 그리고 스스로가 스파이스(SPICE) 토큰을 발행했다. 참고로, 스파이스(SPICE) 토큰이란 플랫폼에서 제공하는 서비스 비용을 지불하는 데 사용되는 ERC20 토큰을 의미한다.

    STO 시장참여자별 역할과 인가 여부를 표로 표시하면 다음과 같다.

[표 4] STO 시장 참여자별 역할과 인가 여부

주체	역할	인가
발행인	-블록체인 기술 이용 토큰증권을 발행 (STO)해 자금을 모집하고자 하는 주체	
수탁인	-개인투자자가 토큰을 안전하게 보관할 수 있는 지갑을 제공 -발행 후 보호예수 기간 동안 토큰 보관	-적격 관리자 자격 필요
명의 개서 대리인	-분산원장 상 주주명부 생성·관리, 증권 배부 -배당, 공시 등 기업행동 대행 -토큰 분실 시 분실된 토큰을 대체할 새로운 토큰 발행 지원	-명의개서대리인 인가 필요
발행 플랫폼	-블록체인 기술을 이용해 토큰증권의 발행 업무 대행	-주로 브로커-딜러 인가 필요 (발행플랫폼이 브로커-딜러 인가가 없는 경우 다른 브로커-딜러와 협업)
거래 플랫폼	-토큰을 투자자에게 매매 중개	-ATS, 브로커-딜러 인가 필요
브로커- 딜러	-투자자에게 거래플랫폼에서의 매매·중개 서비스 제공	-브로커-딜러 인가 필요
기타	-청산기관, 스마트계약 회사, AML 업무 대행사 등	

금융규제샌드박스

해당 증권의 특성상 현행 법체계 내에서 발행·유통이 어려운 경우로서 증권 발행·유통을 통한 사업의 혁신성 등이 특별히 인정되는 경우에는 예외적으로 「금융혁신지원 특별법」에 따른 금융규제샌드박스 제도를 활용하여 혁신금융서비스로 지정받아 한시적인 규제 특례를 적용받아 사업기회를 테스트해볼 수 있다. (2+2년, 최대 4년)

금융규제샌드박스를 신청한 증권의 발행·유통 사업이 독창성과 혁신성 측면에서 금융시장 발전에 기여하여야 하며, 규제 특례 없이는 사업화가 불가능하다는 점을 신청자가 소명하여야 한다. 다만, 토큰증권에 대하여 현행 전자증권법상 효력을 부여하는 것은 규제 특례가 불가능하다.

금융규제샌드박스를 신청하는 사업자는 현행 자본시장법 및 제도 취지를 고려하여 아래와 같이 투자자 보호 방안을 충분히 마련하여야 한다.

1) 공시, 광고기준, 설명의무, 약관제공 등 충분한 정보 제공

2) 투자자 예탁금 및 투자자 소유 증권의 분리 보관 등 재산권 보호

3) 이해상충 방지 체계

4) 유통시장을 운영하려는 경우 시장 감시

5) 물적설비와 전문인력 확보

6) 합리적 분쟁처리절차 및 투자자 피해 보상체계

토큰주식의 발행과 유통의 겸업은 원칙적으로 제한되나, 발행하려는 증권의 특성상 별도 유통시장이 반드시 필요하고 발행과 유통의 겸업을 통해서만 혁신적인 서비스의 제공이 가능하다고 인정되는 경우에 한하여 한시적으로 겸업이 허용될 수 있다.

금융규제샌드박스를 통해 사업기회를 부여받은 사업자는 향후 샌드박스 테스트 결과에 따라서는 규제 특례 내용이 제도화되지 않아 사업을 중단해야 할 가능성도 염두에 둘 필요가 있다. 따라서, 금융위의 「토큰증권 발행·유통 규율체계 정비방안」의 내용을 충분히 감안하여 샌드박스를 신청하는 것이 바람직하다.

금융위가 '23년 2월 토큰증권 발행(STO) 정책을 발표하자, STO와 비슷한 성격의 조각투자를 준비 중인 기업들이 급증했다. 아울러서, 기업들의 샌드박스 신청이 대폭 늘어나고 있다. STO 관련 샌드박스 신청 기업은 2019년 4곳에서 '23년 1월부터 7월까지 20건으로 5배가 늘었다. 신청 기업이 급증하자 금융위는 '공통 심사기준'을 마련, 선제적으로 제도 정비에 나서 혼란을 줄일 방침인 것으로 알려지고 있다. 즉

"과거 규제샌드박스 심사 사례를 전반적으로 분석·정리하고 있으며, 업종과 사업 구조가 다르더라도 공통으로 적용할 수 있는 기준 등을 기업에 미리 알리는 방안도 고려 중이다.

·참고· 규제샌드박스의 개념

① 규제샌드박스란?
- 규제샌드박스란 사업자가 신기술을 활용한 새로운 제품과 서비스를 일정 조건(기간·장소·규모 제한)하에서 시장에 우선 출시해 시험·검증할 수 있도록 현행 규제의 전부나 일부를 적용하지 않는 것을 말하며 그 과정에서 수집된 데이터를 토대로 합리적으로 규제를 개선하는 제도를 말한다.

② 구성요소 및 안전장치
- 규제샌드박스는 실증특례를 중심으로 임시허가와 신속확인 제도를 연계하여 운영하고 있다.

구분	내용
실증특례	• 신기술을 활용한 사업을 하기 위한 허가 등의 근거 법령에 기준·요건 등이 없거나, 그대로 적용하는 것이 맞지 않거나 또는 다른 법령에 의해 허가 등의 신청이 불가능한 경우, 일정 조건 하에서 시장에서 실증 테스트를 허용한다. • 이후 실증 결과에 따라 규제 개선의 필요성이 인정될 경우 정부는 관련 법령을 정비함
임시허가	• 신기술로 인한 안전성에 문제가 없는 경우로서 허가 등의 근거가 되는 법령에 기준·요건 등이 없거나 그대로 적용하는 것이 맞지 않을 때 우선 시장 출시가 가능하도록 임시로 허가하고 관계 당국은 관련 규제를 개선함
신속확인	• 신기술을 활용한 사업을 하려는 기업 등이 규제 유무가 불분명하다고 판단할 경우 신속확인을 신청하면 규제부처가 30일 이내에 규제의 유무를 확인하도록 하여 시장의 불확실성을 최소화함 • 특히, 규제부처가 회신하지 않을 경우에는 규제가 없는 것으로 간주한다.

- 또한, 신기술 적용으로 인해 발생할 수도 있는 국민의 생명 · 안전 우려, 환경 훼손 등을 사전에 방지하기 위해 안전장치를 마련하고 있다.
▶ 국민의 생명 · 안전 등에 우려가 큰 경우 특례를 제한할 수 있다.
▶ 특례 적용 중 문제가 발생하거나 예상될 경우 특례를 취소할 수 있다.
▶ 배상책임 강화를 위해 사전 책임보험 가입을 의무화하고, 고의 · 과실 입증책임을 피해자에서 사업자로 전환하였다.

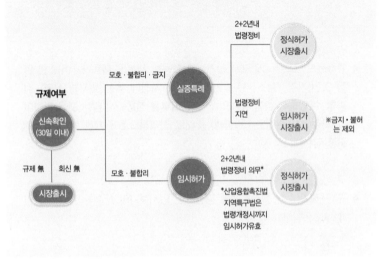

출처: https://easylaw.go.kr

STO의 장점

STO의 이점은 시장, 발행자 그리고 투자자의 입장별로 다음과 같이 정리할 수 있다.

:: 1) 시장

첫째, 시장에서는 중개인의 역할을 최소화하여 거래 투명성을 확보할 수 있다. STO는 토큰증권이 토큰 보유자의 경영권 행사 권한이나 이윤 배당률을 스마트계약을 통해 구현해 블록체인 위에 배포하는 것으로, 토큰의 가치를 실현할 수 있다. 기존 IPO를 이용한 자금조달의 경우 해당 국가의 심사를 통과하기 위해 여러 절차를 밟아야 했으며 승인까지 많은 시간과 비용을 투입해야 했다.

반면, STO를 이용한 자금조달의 경우 블록체인 상의 스마트계약을 통해 P2P 방식으로 이루어지기 때문에 이러한 방식을 통해 중개자 역할을 최소화할 수 있다. 결과적으로, 데이터의 기록과 전송과정이 통일된 블록체인 네트워크 상에서 진행되어 자금조달 과정이 ICO에 비해 용이하다. 즉, 즉시 결제 도입의 실현이다. 디지털 시대에도 주식 매매를 처리하는 데 증권거래소가 최대 이틀이 걸린다. 채권 거래는 훨씬 더 오래 걸릴 수 있다. 대기 기간 동안 거래 상대방이 거래를 성사시키기를 기다리는 것은 중대한 위험이 내포되어 있다.

전자 메일과 메시지가 우편 편지를 대체한 것처럼 토큰증권도 기존 수단을 대체할 수 있다. 블록체인 기술을 통해 거래소는 몇 분 만에 거래를 처리할 수 있다. 거래 속도가 느려지면 판매 당사자, 특히 판매자에게 큰 영향을 미칠 수 있다. 예를 들어, 부동산 매각 지연은 잠재적으로 가격을 낮춰 부동산 소유자에게 일종의 유동성 페널티를 부과할 수 있다.

부동산 토큰증권을 사용하면 매출이 더 원활하고 빨라지고 유동성이 커져서 시장 진입 및 출구 대기 시간이 크게 단축된다. 토큰을 사용하면 토큰에 규정 준수 요구사항을 지켜야 하므로, 증권법률 준수를 자동화할 수 있다.

스마트계약은 계약에 내재된 권리, 의무 및 규정 준수 조항을 포함하도록 사례별로 설계할 수 있는 내장 기능을 용이하게 한다. 여기에는 KYC(고객 파악) 및 AML(자금세탁방지) 수표와 같은 조항이 포함될 수 있다. 수익 공유, 의결권, 심지어 파산 보호 조항까지 모두 스마트계약으로 작성할 수 있어 잠재적인 사기 및 자금 유용을 제한할 수 있다.

둘째, 시장에서는 화이트리스팅을 통해 신뢰도를 제고할 수 있다. 토큰증권을 발행할 때, 토큰을 소유할 수 있는 자격을 갖춘 지갑을 목록화하는 화이트리스팅 과정을 거침으로써 인증된 사용자 간의 거래만을 가능하게 한다. 이를 통해 거래 당사자들의 신뢰도 제고가 가능하다.

셋째, 토큰이라는 형태를 이용하여, 부동산과 같이 물리적으로 나눌 수 없는 자산의 소유권을 세분화하여 거래할 수 있으므로 비용대비 효과 측면에서 증권화가 어려웠던 자산·프로젝트 등(부동산, 엔터테인먼트 부문 등)을 담보로 한 다양한 상품도 개발할 수 있다.

넷째, 토큰은 증권사에서 발행·유통되어 ICO에서 발생한 사기사건을 방지할 수 있으며 투자자 보호를 제도화하여 투자를 통한 시장 확대를 기대할 수 있다.

다섯째, 시장에서는 토큰증권의 장점은 블록체인에서 매매 등의 계약 조건을 미리 프로그램화하고 조건을 만족하는 경우에만 자동으로 거래가 집행되는 방식(스마트 컨트랙트)으로 발행·유통 과정이 단순화되고 비용 절감을 기대할 수 있다. 또한, 개별 거래의 중개·관리자가 불필요해져, 24시간 및 365일 거래가 가능하고 시간과 관계없이 국경 간 거래도 할 수 있어 기존의 시장장벽을 제거할 수 있다.

:: 2) 발행자

첫째, 발행자 자산의 유동성이 증가한다. STO의 구조적인 안전성은 기관 투자 유치의 가능성을 높인다. 그리고 블록체인의 특성상 거래의 장소 및 시간적 제약을 받지 않으며 매우 작은 단위의 거래가 가능하기 때문에 부동산과 같은 물리적 자산의 유동성이 높아진다. 특히, 적절한 종류의 컴플라이언스를 통해 기업은 글로벌 STO를 출시하여 전 세계의 투자자를 유치할 수 있다.

둘째, 기업들은 이전에 개발되지 않은 소스로부터 자본을 조달할 수 있다. 이것은 "알고 있는 사람"을 기준으로 한 이전의 제한과 달리 모든 투자자에게 동등한 기회를 허용하는 진정한 경쟁의 장을 제공한다. 따라서 시장에 토큰증권을 도입함으로써 투자자들은 이전에는 존재하지 않았던 주식의 글로벌 유동성을 확보할 수 있다.

:: 3) 투자자

첫째, 투자자를 법적으로 보호할 수 있다. ICO의 경우 스캠과 같은 문제가 발생할 경우 투자자를 위한 법적 보호 장치가 없다. 반면에 STO는 토큰 발행 단계부터 해당 국가의 증권거래법을 준수하기 때문에 문제 상황 발생 시에도 투자자들은 증권거래법의 보호를 받을 수 있다.

둘째, 토큰증권은 개인투자자들이 주식 거래소에 상장되지 않은 자산에 투자할 기회를 제공하여, 개인 소유 회사에 대한 투자가 가능해진다.

토큰증권 덕분에, 전통적으로 공인투자자에게만 개방되었던 초기 단계 벤처와 같은 자산 클래스는 이제 특정 SEC 규정에 따라 소매 자본 흐름을 수용할 수 있다. 이것은 민간 시장에서 수조 달러를 가져올 수 있는 잠재력을 포함하고 있을 뿐만 아니라 개인투자자들도 세계 시장에 접근할 수 있도록 한다. 이처럼 투자자들은 회사의 투명성, 책임성, 증권 및 소유권 지분 덕분에 STO 투자에서 더 안전한 피난처를 찾았다.

STO의 단점

토큰증권의 단점은 무엇인가?

첫째, 토큰증권의 단점은 에너지가 많이 소모되어 발행비용이 증가할 수 있다는 점이다.

둘째, 만일 증권 발행에 버그가 있으면, 돈을 회수하는 방법이 제한적이다. 이 경우, 토큰증권을 위한 대부분의 기존 사용자 인터페이스는 작동하기 어려울 수 있기 때문이다.

셋째, 토큰증권의 또 다른 취약점은 암호화폐가 지속적으로 유동적이기 때문에 SEC의 가이드라인 제정은 디지털 토큰증권에 대한 명확한 가이드라인을 제정하기 어려워, 디지털증권법률을 위반한 것으로 보이는 사람들에 대한 기소에 초점이 맞춰진다는 점이다. 따라서, 투자자들이 IPO나 사모펀드를 심사하듯이, STO는 돈을 투자하기 전에 철저히 조사되어야 한다.

V

토큰증권의 발행과 유통

발행

'23년 2월 현재, 토큰증권의 발행·유통 제도는 다음과 같다.

디지털자산 중 증권에 해당하는 경우, 현행법령상 증권규제를 모두 준수하면서 토큰증권을 발행·유통·취급하여야 하며, 관련 행위의 적법성을 일차적으로 확인할 책임은 이를 발행·유통·취급하는 당사자에게 있다. 현행법상 규제는 공시, 증권업·집합투자업·거래소 등 인가·허가·등록, 불공정거래 금지 등이 포함된다. (투자계약증권의 경우 공시, 사기적 부정거래 금지 등)

토큰증권의 발행이 해외에서 이루어지는 경우에도 국내 투자자를 대상으로 청약을 권유하는 등 그 효과가 국내에 미치는 경우에는 자본시장법상 규제를 모두 준수하여야 한다. 이 법은 국외에서 이루어진 행위로서 그 효과가 국내에 미치는 경우에도 적용된다. 국가별로 증권규제가 적용되는 증권의 범위가 상이할 수 있으며, 해외 발행의 경우에도 당해 외국 법률뿐만 아니라 투자 권유·유통 등이 이루어지는 국내 자본시장법 위반 여부를 별도로 확인하여야 한다.

토큰증권의 발행 · 유통 관련 현행 제도를 살펴보자. 현행 전자증권 법상 계좌관리기관이 모든 장부상 정보를 관리하지 않고 분산원장 기술을 활용하는 무권화는 허용되지 않고 있다. 즉, 실물증서를 발행하지 않고 증권에 대한 권리가 오로지 장부상에 전자기록 형태로 존재하도록 하여 장부상 기재를 통해 권리를 이전하는 것은 허용되지 않는다. 따라서, 전자증권법 개정 등 토큰증권 발행 제도를 정비하기 이전에는 실물증서 형태의 유가증권 또는 현행 전자증권법상 정해진 전자 등록 방식에 따라 전자증권을 발행해야 한다.

한편, 비금전신탁수익증권의 경우 발행이 불가능하며, 투자계약증권은 자본시장법상 유통제도의 적용이 배제되어 엄격한 매출 공시 규제를 적용받고 있다.

•참고• 미국의 사례: 투자자를 위한 자본 조달 및 ROI 측면에서 상위 3개의 STO 프로젝트

① 폴리매스(Polymath)

Trevor Leverkor가 설립한 폴리매스는 금융 증권이 블록체인의 노하우에 부합하도록 돕는다. 이 플랫폼의 강점은 분산형 프로토콜로 토큰화하는 강력한 방법을 가지고 있다. 토큰 표준 ERC-400의 준거 사양이 준수되었기 때문에 토큰 구매는 자격이 있는 참가자만 가능했다. 폴리매스는 STO는 2018년에 수행되었으며 5,870만 달러라는 엄청난 금액을 모금했다.

② 블록체인 캐피털(Blockchain Capital)

블록체인 캐피털은 프로젝트 자금조달을 위한 자본 조달을 지원하기 위해 토큰증권을 발행한 최초의 기업 중 하나이다. 블록체인 캐피털은 2017년 4월 BCAP 토큰 판매를 통해 몇 시간 만에 VC 펀드를 통해 1,000만 달러를 조달하고 나머지 토큰은 개인투자자에게 발행했다.

BCAP 토큰은 1.00달러에 발행되었으며 초기 투자자들에게 380%의 투자 수익률을 기록한 4.8달러 이상의 사상 최고치에 도달했다. 그러나 블록체인 캐피털이 BCAP 토큰 보유자 모두에게 서명이 필요하고 승인된 투자자임을 증명해야 한다고 확인하면서 문제가 발생했고, 이에 따라 대규모 매도가 발생했으며 개인투자자들의 대량 투매가 발생했다.

③ 스파이스VC(SpiceVC)

스파이스VC는 블록체인 기반의 토큰화된 벤처 캐피털 회사로, 현재 진행 중인 프로젝트를 위한 자금조달을 위해 토큰증권을 출시했다. 스파이스VC는 2018년 STO에서 1,500만 달러를 모금했다. 이 토큰증권 발행은 Reg D를 준수했다. SEC의 규칙 506(c) 및 미국의 적격 투자자로부터 자금을 조달했다. 스파이스VC는 "벤처 캐피털 업계에 진정으로 유동적이고 포괄적인 최초의 VC 펀드"를 제공하는 것을 목표로 한다. 토큰은 0.80달러에서 1.00달러 사이에서 판매되었다.

•참고• 미국의 토큰증권 발행 성공 사례

다음은 모금 및 기타 목적을 위해 토큰증권을 발행한 회사의 실제 사례들이다.

① Proposes: 투자자를 위한 토큰증권을 출시하고 794명의 투자자로부터 107만 달러를 모금했다. 최대 133,000,000개의 Props Token이 YouNow 앱 사용자에게 배포되었다.

② Vue: 국제 투자자들을 위해 와이오밍 주식회사의 토큰증권을 출시하고 그들에게 의결권이 없는 우선주를 제공했다. VUE 토큰은 표준 호환 ERC1404 토큰이며 Vue의 이전 유틸리티 토큰인 VUT를 대체했다.

③ Curzio Equity Owners: 국제 투자자를 위해 출시되었으며, 글로벌 거래소에서 토큰증권을 출시한 최초의 미국 기업이다.

④ BCAP: 2017년 4월에 출시된 BCAP는 이더리움 기반의 스마트계약

디지털 토큰이며 블록체인 캐피털이 최초로 토큰화한 벤처 펀드이다. BCAP는 총 2,500만 달러를 모금했다.

⑤ Science Blockchain: 자체 토큰화된 호환 토큰증권으로 자금을 지원하는 세계 최초의 인큐베이터로 출시되었다. 자금은 총 1억 달러 정도였다.

⑥ $EXOD: Exodus Movement는 $EXOD 토큰증권을 출시했다. 이 토큰증권은 회사 내 클래스 A 보통주의 디지털 표현 역할을 했다. IPO 전처럼 공인 투자자만 액세스하는 것이 아니라 개인투자자에게 액세스를 제공한다.

⑦ INX: 유틸리티 및 토큰증권으로 출시된 INX는 토큰 소유자가 연간 40%의 긍정적인 순 영업 현금 흐름을 분배받을 수 있도록 한다. INX 토큰은 블록체인에서 IPO하는 첫 번째 SEC 등록 토큰증권이다.

⑧ FOBXX: 이 프랭클린 템플턴 뮤추얼 펀드는 스텔라 네트워크에서 펀드를 증권화한다. 모든 거래와 공유 소유권은 블록체인에 기록되고 "블록 익스플로러"를 통해 공개된다.

:: STO 대상기업

언제, 어느 기업이 토큰증권 발행(STO)을 고려해야 하는가? 대체로 아래에 해당하면, STO를 시작하는 것을 고려해야 한다.

① 연간 1,000만 달러 이상의 매출 달성

STO를 통해 성공적으로 자금을 조달하려면 회사가 높은 가치를 창출해야 한다. 회사의 이익과 매출액이 높을수록 회사의 가치 평가도 높아진다. 결과적으로, STO를 통해 기업은 사업에서 얻을 수 있는 자본의 양을 증가시킬 것이다.

② 글로벌 비즈니스 운영

지역 고객에 국한하기보다는 글로벌 고객을 마케팅하여 STO의 잠재력을 확장하고 더 많은 자본을 신속하게 조달할 수 있는 방법을 찾아야 한다.

③ 약간의 위험을 감수할 용의가 있는 회사

토큰증권 발행 관련 규정은 국가별로 변경될 수 있다. 특히 영국, 미국, 독일, 한국, 러시아의 경우, 관련 규제를 강화한다면 투자 재원이 빠르게 감소 할 수 있다. 그러한 위험은 비록 경미할지라도 기업은 모든 상황에서 그것을 받아들일 준비가 되어 있어야 한다.

④ 현재 고객층을 끌어들이는 자금조달 방법으로 활용하려는 기업

STO의 새로운 고객을 찾는 동안 이전 및 기존 고객 기반을 잊어서는 안 된다. 기업들은 고객들에게 어필할 수 있는 자금조달 방법을 선택해야 한다. 또한 쉽게 양도할 수 있는 자산을 발행하는 것도 고려해야 한다. 기업이 위에 열거한 사항에 적합하지 않은 경우, Security Token Offering에 참여할 가치가 없을 수 있다. STO를 시작하려는 시도가 실패하면 비즈니스에 재정적 영향을 미칠 수 있기 때문이다.

:: 발행 규율체계

토큰증권 관련 발행규율체계에 대해 핵심적인 사항을 살펴본다.

① 증권의 디지털화를 위한 제도적 인프라인 전자증권법에서 혁신적인 분산원장 기술을 수용하고 있다. 즉, 전자증권법상 계좌부 기재 · 대체 방식으로 분산원장을 허용하고 있다.

기존 전자증권은 증권사 등을 통해서만 증권을 전자 등록할 수 있으나, 토큰증권은 일정 요건을 갖춘 발행인이 직접 등록하는 것도 허용된다. 이는 전자증권법에 발행인 계좌관리기관의 요건을 신설하고, 이를 충족하는 발행인은 분산원장에 자신이 발행하는 증권을 직접 등록할 수 있게 됨을 의미한다. 다만, 외형적으로 증권의 형식을 갖추었는지, 발행 총량이 얼마나 되는지 등에 대한 예탁원의 기본적인 심사는 필요하다. 만일 요건을 갖추지 못한 경우 기존 전자증권과 동일하게 증권사 등의 지원을 받아 누구나 토큰증권 발행이 가능하다.

② 소액공모 확대 등, 공모 규제를 일부 완화해 투자자 피해 우려가 적은 증권 발행은 공시 부담 없이 시도할 수 있도록 지원이 가능하다. 분산원장 기술의 혁신성을 수용하고 다양한 권리의 발행을 지원하면서, 투자자의 기본적인 재산권을 보호하기 위함이다. 토큰증권에도 전자증권법의 권리 추정력 · 제3자 대항력 등이 적용된다.

금융위, 2023.2, 토큰증권(Security Token) 발행 · 유통 규율체계 정비방안

전자증권	토큰증권 발행 불가	전자증권으로 수용
	발행인 전자증권 직접발행 불가	발행인 계좌관리기관 신설
발행공시	다양한 증권발행 시도 곤란	사모 · 소액공모 활용도 개선
	공모규제 회피수단 악용 소지	토큰증권은 공모로 간수

③ 토큰증권을 전자증권법상 효력이 부여되는 전자증권으로 수용한다. 계좌부에 기재된 증권의 권리자에 권리 추정력 및 제3자 대항력이 부여된다. 분산원장을 법적 효력이 부여되는 공부(公簿)로 인정하되 조작 · 변경 방지 등을 위한 일정 기술요건 등의 충족요건이 필요하다. 현재의 전자등록기관(예탁원)의 증권 발행심사 및 총량관리원칙이 증권사 연계 없이도 토큰증권을 발행할 수 있도록 허용된다.

④ 일정 수준 이상의 자기자본 등 요건을 갖춘 발행인은 계좌관리기관으로 등록하여 분산원장을 직접 관리할 수 있다. 증권사 중개 거래 시에는 증권사 거래시스템과 계좌관리기관의 분산원장을 연계하여 관리한다.

⑤ 전자등록 대상 증권에 공모발행 투자계약증권을 추가할 수 있다. 이 경우, 기대효과로는 조각투자 등 다양한 권리의 증권화를 지원하고, 분산원장 기술을 활용한 기존 증권 발행·거래의 효율성·편의성 개선이 기대된다. 예를 들면, 비상장주식의 주주파악이 편리해져 공시 이행 및 인수시도 대응 등이 용이해지고, 비상장채권의 소액단위 발행과 거래가 편리하게 될 것이다.

⑥ 투자자 피해 우려가 적은 증권 발행은 공시 부담 없이 시도할 수 있도록 사모와 소액공모 제도를 적극적으로 활용할 수 있다. 토큰증권 외에도 기존 전자증권·실물증권 등 증권 형태와 관계없이 적용된다.

⑦ 청약자가 모두 전문투자자인 경우 사모로 인정된다. 이 경우, 1년간 일반투자자 대상 전매를 금지하고 6개월 내 일반투자자 대상 사모 발행시 동일 증권으로 간주해 공모규제 회피를 방지한다. 또한, 소액공모 한도를 10억 원에서 30억 원으로 상향한다. 이 경우, 사업보고서 제출 법인(코넥스 제외) 및 적정성 원칙 대상 증

권의 한도는 현행 유지된다.

⑧ 현행 소액공모에 비해 투자자 보호 장치를 강화하되 최대 100억 원 한도인 소액공모 TierⅡ를 도입한다. 즉, 사전 신고 · 심사 · 정정 요구 · 효력 발생 기간, 감사보고서 첨부, 사업보고서 제출 대상 법인 · 적정성 원칙 대상 증권 제한, 인수인 · 주선인 의무화 등이 신설된다. 더불어서, 금전재산 신탁이 아닌 경우에도 수익증권 발행이 허용 예정이다. 다만, 유통성이 높은 토큰의 특성이 공모 규제의 회피 수단으로 활용되지 않도록 토큰증권은 공모발행 간주(전매기준 반영)한다. 이에 대한 기대효과로는 소규모 자산과 다양한 현금흐름 등을 유동화 · 증권화하는 투자상품을 제도적으로 지원 가능하다는 점이다.

:: 토큰표준

토큰증권 발행은 일반 증권 발행과 달리 토큰 발행플랫폼이 필요하다. 토큰 발행플랫폼은 토큰증권에 대한 규제준수율을 높이기 위해, 통상적인 가상자산 토큰표준(ERC-20 프로토콜)을 사용하지 않고, KYC(Know-Your-Customer), AML(Anti-Money-Laundering) 등의 기능을 지원할 수 있는 토큰표준(ERC-1400, SRC-20 등)을 사용한다. 현재 Polymath, Securitize, Swarm, Harbor 등 다수의 발행플랫폼이 거래플랫폼과의 호환성, 법규 준수성, 투자 편의성 등에서 차별화하며 경쟁하고 있다.

STO 플랫폼은 ERC-20이 아닌 새로운 토큰표준을 제시한다. 폴리매쓰(Polymath)의 STO-20, Swarm Fund의 SRC-20 등이 대표적이다. 각 토큰표준별로 약간의 차이는 존재하지만, 특정 리스트에 등록되지 않은 지갑 주소에는 토큰을 전송할 수 없도록 하는 기능을 추가하는 것이다. 화이트리스트(Whitelist)는 법적으로 해당 토큰을 보유할 수 있는 것들을 말한다. 해당 리스트에 포함된 경우, 토큰 전송을 받을 수 있으며 그렇지 않으면 토큰 전송을 받을 수 없다.

① 거래검증 기능

ERC-20에는 토큰을 보내는 'Transfer'와 누가 토큰을 보냈는지를 표시하는 'TransferFrom'이라는 기능이 있다. 폴리매쓰(Polymath)의 ST-20은 여기에 'VerifyTransfer'라는 Method를 추가한다. VerifyTransfer는 토큰이 전송되기 전에 송신자와 수신자가 자격이 있는지를 확인한다. 정확하게는 화이트리스트에 이름이 있는지를 확인한다. 만약, 둘 중의 하나라도 자격이 없으면 해당 거래는 승인되지 않는다.

② 화이트리스팅(Whitelisting)

토큰증권(Security Token) 발행자는 토큰증권을 보유할 수 있는 자격이 있는 주소를 화이트리스팅한다. 참고로, 화이트리스트(whitelist)는 식별된 일부 실체들이 특정 권한, 서비스, 이동, 접근, 인식에 대해 명시적으로 허가하는 목록이며, 이에 대한 과정은 화이트리스팅(whitelisting)이라고 한다. 반의어는 블랙리스팅이다.

조건1 KYC/AML : 화이트리스팅이 되기 위해서는 기본적으로 KYC/AML을 거쳐야 한다. 폴리매스(Polymath) 상에서 한번 KYC/AML을 하면 다른 ST-20에 투자하기 위해서 다시 KYC/AML을 할 필요는 없다. 이미 신원 확인이 되어 있기 때문이다. 주식 거래할 때마다 다시 회원가입을 하지 않아도 되는 것과 같은 원리다.

조건2 법적 자격 : KYC/AML이 되었다고 해서 모두 토큰증권을 거래할 수 있는 것은 아니다. 그중에서도 자격이 되는 이들만 토큰증권을 매매할 수 있다. 대한민국만 해도 주식투자를 하려면 성인이어야 하며, 더 복잡하고 위험한 금융상품에 투자하기 위해서는 여러 가지 절차를 거쳐 자신이 자격이 있음을 증명해야 한다. 자격에는 투자 경력, 보유 자산 등 다양한 요소가 고려된다.

조건3 연동성 : 토큰증권 발행자는 자신의 토큰을 보유하고 거래할 수 있는 자격이 되는 이들을 화이트리스팅 한다. 하지만 증권을 발행하는 입장에서 자신의 토큰을 거래할 수 있는 이들의 조건을 일일이 설정하는 것이 어려울 수 있으며 정확하지 못할 수도 있다. 그래서 화이트리스팅의 범주를 '다른 믿을만한 이가 제공하는 리스트'까지 넓힐 수 있다.

:: 법적 지위 보장 절차

① 법적 지위 문서기록

토큰이 증권이라는 법적 지위를 얻기 위해서는 여러 법적인 절차를 거쳐야 한다. 토큰증권도 해당하는 토큰이 어떤 자산을 나타낸다는 사실이 법적으로 보장되어야 증권으로서 거래될 수 있다. 법적 절차를 거치기 위해서 반드시 STO 플랫폼이 필요한 것은 아니지만, 법적 절차를 거치고 관련 서류들을 모두 작성하고 국가기관의 허가를 받아야 한다. 하지만 STO 플랫폼 중 이러한 법적 지위 보장 절차 역시 STO 플랫폼을 통해서 진행한다면 훨씬 더 효율적이다.

② 검증 기능

이 프로젝트는 토큰이 거래할 수 있는 증권으로 인정받기 위한 법적 계약을 체인 상에 기록하는 방식이다. 기록된 계약은 위조할 수 없으며, 투명하게 보관된다는 장점이 있다. 법적인 프로세스에 참여하게 되면, 프로세스와 관련된 문서들을 만들게 되는데, 각 문서의 SHA-256 해시값을 만들고 문서가 추가될 때마다 루트 해시값을 전파한다. 첫 해시는 문서 A의 해시값이고 다음 해시는 A의 해시와 B의 해시를 합친 것이다.

그 뒤로 계속 같은 방식으로 해시값을 기록해 나간다. 이렇나 절차를 따르기 때문에, 문서의 원본을 계속해서 공유하지 않아도 해당하는 문서들이 조작되지 않는다. 폴리매스(Polymath)는 체인 상에 기록되어 변조가 되지 않는 이 시스템은 문서의 확인(Validation)이 매우 쉽다는 점에서 EDGAR(현행 미국 증권 관련 데이터기록서비스)보다 훨씬 효율적으로 문서를 저장할 수 있다고 주장한다.

유통

∷ 유통시장 조성

성공적인 STO 시작의 방법은 아래와 같다.

① 블로그 만들기

웹 사이트에 활성 블로그가 있어야 한다. 토큰증권에 투자할 가치가 있는 이유를 보여주는 인포그래픽 및 통계와 함께 심층적인 기사가 자주 필요하다. 이것은 가장 효과적인 STO 마케팅 팁 중 하나이다. 사람들은 설득력이 필요할 수도 있고 블로그는 그것을 실현할 수 있는 절대적인 최고의 기회이다. 블로그는 또한 관련 주제에 대한 심층적인 고품질 블로그 게시물을 게시함으로써 업계의 권위자로서 자신을 발전시킬 수 있다.

② 미디어와 같은 다른 컨텐츠 게시 플랫폼 사용

암호화폐 세계에서, 미디어는 최고의 선택이다. 그것은 꽤 전문적이고 다양한 지지자들을 가지고 있다. 블록체인 분야에서 특히 인기 있는 또 다른 것이 있는데, 스팀잇이다. 다시 말하지만, 이 결정조차도 여러분이 누구를 목표로 하느냐에 달려 있다. 블로그 기사와 함께 원본 비디오 콘텐츠를 제공할 수도 있다. 또는 월간 동영상 게시물로 유튜브 채널을 시작할 수 있다. 이것은 다른 것보다 대화형 미디어를 선호하는 젊은 투자자들에게 다가가는 방법이 될 수 있다.

③ STO 전문가에게 문의하거나 STO 마케팅 서비스를 고용한다. 비록 회사가 STO를 할 수 있는 최고의 환경에 있다 할지라도 일을 진행하다 보면 회사가 직면하게 될 너무나 많은 장애물이 있다. STO 전문가는 이러한 장애물을 피하는 데 매우 유용할 수 있다. 여기서 명심해야 할 또 다른 것은 경쟁이다. 그것이 기업이 이미 ICO에서 배운 교훈이 될 것이다. 전문가의 도움이 필요한 분야는 법률, 기술, 마케팅 등 세 가지이다. 시장과 시장의 당면 과제에 대한 지식이 풍부한 조언자라면 누구나 다른 방법으로는 얻을 수 없는 새로운 것들을 많이 제시할 것이다. 하지만, 가장 좋은 부분은 네트워크이다.

이러한 사람들은 업계에서 네트워크를 설정하는 데 적합한 연결을 제공할 수 있다. 이는 STO 마케팅, 궁극적인 출시 및 성공에 필수적인 요소이다. 또한, STO 전문가의 지원을 구하는 것은 쉽지 않을 것이다. 당신은 먼저 그들이 누구인지 찾아내야 할 것이다. 인플루언서, 편집자, 활동가를 찾아야 한다.

Twitter와 LinkedIn은 그들에게 다가가 그들의 관심을 끄는 데 도움이 될 수 있다. 또한 토큰증권 이벤트에 참석하는 것도 고려해야 한다. 그곳에서 여러분은 그들을 직접 만나서 여러분의 모험에 대해 그들의 두뇌를 고를 수 있다.

④ 뉴스레터 발송

이 시점에서 STO 마케팅 전략의 기초를 알게 된다. 대부분의 사람들은 STO의 맥락에서 투자자를 유치하는 방법으로 마케팅에만 집중한다. 그러나 마케팅 단계는 반복적인 단계이며 이러한 잠재적 투자자를 유지하는 것을 포함된다.

기업에 관심을 보인 투자자들이 계속해서 빠져들게 해야 한다. 고객의 현재 또는 잠재력을 유지하는 데 있어 이메일 마케팅은 강력한 도구로 간주된다. 회사는 잠재적인 투자자들을 지속시키기 위해 주간 또는 월간 뉴스레터를 시작할 필요가 있다. 이는 투자자를 유지하고 네트워크를 확장하는 데 중요한 역할을 할 것이다.

기업은 이메일 마케팅이 높은 이탈율(Bounce rate)을 가지고 있다는 것을 들어봤을 것이다. 뉴스레터의 경우는 그렇지 않을 것이다. 그 이유는 독자가 가입을 선택했고, 자료를 읽는 것에 관심이 있다는 점에서 일종의 개인적인 것이기 때문이다. 뉴스레터를 사용하여 지금까지 달성한 성과에 대해 잠재적인 투자자를 업데이트할 수 있다.

이는 로드맵이 제시간에 구현되고 있음을 알리는 방법이 될 수 있다. 블로그에 게시하는 모든 기사는 뉴스레터에 실릴 수 있다. 기업은 독자들에게 그들이 그것의 일부가 되도록 영감을 주기 위해 독자들과 지식을 공유할 수 있다.

자신이 의견을 가진 강력한 리더라고 생각한다면, 목소리를 사용하여 최근의 업계 사건과 시장 동향에 대해 의견을 제시할 수 있다. 소셜 미디어를 최대한 활용해야 한다. 소셜 미디어는 이제 모든 비즈니스에 필수적인 플랫폼이며 STO도 예외는 아니다.

·참고· STO 마케팅 팁(Tips)

STO를 둘러싼 규정은 증권을 직접 판매하기 위해 특정 매체를 사용하는 것을 금지한다. 하지만 그렇다고 해서 직접 마케팅이 불가능한 것은 아니다. 사실, 토큰증권 마케팅 전략은 여전히 합법적으로 사용할 수 있는 매체를 중심으로 이루어져야 한다.

① 프록시 마케팅 활용
토큰을 직접 마케팅할 수 없기 때문에 프록시 마케팅에 사용할 다양한 매체를 마련해야 한다. 온라인 출판물, 잡지 및 블로그를 통해 이를 실현할 수 있다. 그것은 단지 그들을 식별하는 문제이다.

② 경쟁업체 분석
이것은 STO의 모든 단계에서 유용해야 한다. 수치상으로 알 수 있듯이 STO는 단기간에 ICO를 인수하게 된다. 그것은 처리해야 할 많은 경쟁을 의미한다. 적절한 경쟁업체 분석은 또한 마케팅 계획에 도움이 되고 지피지기면 백전백승이다.

③ 잠재 투자자 라이브러리 만들기
STO를 통해 성공을 거두기 위해서는 적절한 대상자를 공략하는 것이 핵심이다. 기업은 모든 잠재적인 투자자와 구매자를 고려해야 한다. 이메일, 뉴스레터 등을 발송할 때 이 데이터를 보유하는 것이 매우 유용할 수 있다.

④ 규정 D 숙지
STO 마케팅은 복잡한 규정 속에서 진행된다. 미국 기업의 경우, 규정 D

Sec 506(c)는 TV, 신문, 잡지, 라디오, 공개 세미나 및 인터넷에서 광고하는 것을 금지한다. 회사는 이 초기 단계에서 많은 법적 문제에 저촉되지 않도록 해야한다.

⑤ 블록체인 및 암호화폐 컨퍼런스 참석
컨퍼런스를 통해 다른 블록체인 기업 소유주와 암호화폐 애호가들을 직접 만날 수 있다. STO를 마케팅하고 네트워크를 구축하기 위한 플랫폼으로 생각해 보자. 회의나 컨벤션에 가기 전에 그런 사람들에 대해 조사 및 연구해야 한다.

결론적으로, 이 STO 마케팅 가이드는 토큰증권 성공을 위한 마케팅의 중요성을 이해하는 사람들을 위한 것이다. 그것은 많은 요철이 있는 긴 여정이 될 것이다. 그러나 확실한 마케팅 전략과 계획을 수립하면 예상치 못한 위험을 줄일 수 있다는 장점이 있다.
기업의 궁극적인 목표는 적절한 청중을 끌어들이고, 그들의 신뢰를 얻고, 마침내 마케팅에 성공하는 것이다. 토큰증권 마케팅의 일환으로 수행하는 모든 작업에서 이러한 목표를 달성할 수 있다면 블록체인 및 암호화폐 분야에서 수익성이 높은 차세대 트렌드의 일부가 될 수 있다.

:: 유통규율체계

성공적인 토큰증권의 유통을 위한 규율체계는 다음과 같다.

① 발행인과의 협업을 통해 다양한 권리가 거래되는 소규모 장외시장이 형성될 수 있도록 다자간 상대매매 플랫폼제도화가 필요하다.

② 비정형적 권리의 상장시장은 자본시장법상 허가받은 증권거래소인 KRX에 "디지털증권시장"을 시범 개설하는 것이 필요하다. 이를 위해 기존 증권 인프라를 활용해 대규모 거래를 안정적으로 지원하여야 한다. 토큰증권이 상장될 때는 분산원장이 아닌 기존의 전자증권 방식

으로 변환하고, KRX 회원사인 기존 증권사를 통해 거래되도록 한다. 다양한 비정형적 증권 장외시장의 형성을 허용하면서, 대규모 거래는 검증된 인프라를 통해 투자자 보호 · 안정성 확보하는 것이 중요하다.

첫째, 증권 여부 판단원칙 제시: 조각투자 가이드라인('22.4월)에서 제시한 원칙이 동일하게 적용된다.

둘째, 증권인지는 제반 사정을 종합적으로 감안하여 개별적으로 판단하며, 권리의 내용이 증권에 해당한다면 현행 증권규제가 전면 적용된다. 해외 발행된 경우에도 국내 투자자에게 청약을 권유하는 등 그 효과가 국내에 미치는 경우에는 자본시장법 규제 적용된다.

셋째, 토큰증권의 특성을 감안, 이해관계인의 자율적 증권성 판단을 지원하기 위한 적용례 등이 제시된다. 가이드라인에서 토큰증권에만 적용되는 새로운 증권 개념을 제시하거나 기존 증권 범위를 확대 혹은 축소하는 것은 아니다. 증권 해당 가능성이 높은 경우와 낮은 경우에 대한 예시가 제공된다.

증권에 해당할 가능성이 높은 경우(예시)

- 사업 운영에 대한 지분권을 갖거나 사업의 운영성과에 따른 배당권 또는 잔여재산에 대한 분배청구권을 갖게 되는 경우
- 발행인이 투자자에게 사업 성과에 따라 발생한 수익을 귀속시키는 경우
  - 투자자에게 지급되는 금전 등이 형식적으로는 투자자 활동의 대가 형태를 가지더라도, 실질적으로 사업 수익을 분배하는 것에 해당하는 경우

* 조각투자의 경우에는 공동사업의 결과에 따른 손익을 귀속 받는 계약상의 권리임을 전제하고 있으나, 디지털자산은 이에 대해 별도의 판단 필요

증권에 해당할 가능성이 낮은 경우(예시)

- 발행인이 없거나, 투자자의 권리에 상응하는 의무를 이행해야 하는 자가 없는 경우
- 지급결제 또는 교환매개로 활용하기 위해 안정적인 가치 유지를 목적으로 발행되고 상환을 약속하지 않는 경우
- 실물 자산에 대한 공유권만을 표시한 경우로서 공유목적물의 가격·가치상승을 위한 발행인의 역할·기여에 대한 약속이 없는 경우
- 정부는 증권 여부 판단원칙을 포함한 「토큰증권 가이드라인」 마련하고, 향후 판례 및 적용례 축적에 따라 지속 보완 예정

③ 투자계약증권은 자본시장법상 증권유통제도를 적용한다. 즉 투자중개 · 매매업 인가, 거래소 허가, 유통공시(공모 · 상장시 사업보고서), 불공정거래 등으로, 기대효과로는 비정형적 권리의 유통을 제도적으로 허용하고 규율할 수 있다.

:: 장외거래

장외시장은 일반적으로 참가자가 중앙거래소나 다른 제3자의 개입 없이 양 당사자 사이에서 직접거래하는 시장이다. 장외시장에는 물리적 위치나 시장 결정자가 없는 것이 특징이다. 투자계약증권과 수익증권의 장외거래 중개 인가 단위를 신설하여, 일반 소액투자자 대

상 다자간 상대매매 중개업무를 허용한다. 채권중개전문회사 요건 등을 감안해 증권 유형별로 인가요건을 정할 것이며, 필요시 증권요건을 추가 요구한다.

　이해상충을 방지하기 위해 발행·인수·주선한 증권의 중개를 제한하고, 자기계약은 금지한다. 장외거래중개업자를 통한 소액투자자 거래에 매출 규제 예외를 인정한다. 즉, 50인 이상의 투자자에게 이미 발행된 증권 매도 청약을 하거나 매수 청약을 권유하는 것으로, 매출 시에는 발행인의 증권신고서가 필요하다.

투자계약증권·수익증권 장외거래중개업자 운영방안(案)

- (소액투자자) 발행총수의 일정 비율 및 일정 금액 미만 소유, 발행·인수·주선인 제외
- (투자한도) 일반투자자의 연간투자 한도 제한(투자계약증권에 더 낮은 한도 적용)
- (공시) 공모발행(증권신고서·소액공모공시서류 제출), 유통공시(회계감사인 감사보고서)
- (업무 기준) 진입·퇴출 기준 및 불량회원 제재기준 마련, 이상 거래 적출 전산화 등
➡ [기대효과] 다양한 권리를 거래하는 소규모 유통시장 형성

금융위, 2023.2, 토큰증권(Security Token) 발행 · 유통 규율체계
정비방안

장외거래	투자계약증권의 유통 제한	➡	증권 유통제도 적용
	다자간상대매매 금지		장외거래중개 인가 신설
	매출 규제로 시장형성 불가		소액투자자 매출공시 면제
	상장시장(KRX) 부재		상장시장 신설, 요건 완화

:: 상장시장

투자계약증권과 수익증권을 거래하는 KRX 디지털증권 시장을 개
설한다. 발행인 건전성, 발행 규모 등 투자자 보호를 위한 상장요건
과 중요정보 공시 등을 적용하되 기존 상장시장에 비해 완화할 예정이
다. 다수 투자자가 참여하는 상장시장인 점을 감안, 기존 전자증권으
로 전환하여 상장하고 기존 매매 거래 · 결제 인프라 적용이 필요하다.

디지털증권 시장 상장요건 및 공시의무(案)

● (발행인) 직전 회계연도 감사의견 적정 / (발행 규모) 종목별 3억원·1만
주 이상

● (공시) 공모발행(증권신고서·소액공모공시서류 제출), 유통공시(사업보고서)

● (지정자문인) 투자계약증권은 지정자문인要(단, 기업현황보고서·LP 의무
미적용)

➡ [기대효과] 검증된 인프라를 활용해 새로운 증권유통의 규율 확립

❶ 토큰증권을 전자증권법 제도상 증권발행 형태로 수용

❷ 직접 토큰증권을 등록·관리하는 발행인 계좌관리기관 도입

• • STO 토큰증권 발행

❸ 투자계약증권·수익증권에 대한 장외거래중개업 신설

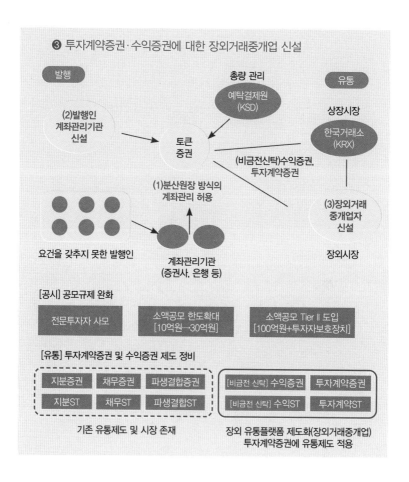

발행

총량 관리

유통

(2)발행인
계좌관리기관
신설

예탁결제원
(KSD)

상장시장

한국거래소
(KRX)

토큰
증권

(비금전신탁)수익증권,
투자계약증권

(1)분산원장 방식의
계좌관리 허용

(3)장외거래
중개업자
신설

요건을 갖추지 못한 발행인

계좌관리기관
(증권사, 은행 등)

장외시장

[공시] 공모규제 완화

전문투자자 사모	소액공모 한도확대 [10억원→30억원]	소액공모 Tier II 도입 [100억원+투자자보호장치]

[유통] 투자계약증권 및 수익증권 제도 정비

지분증권	채무증권	파생결합증권
지분ST	채무ST	파생결합ST

기존 유통제도 및 시장 존재

[비금전 신탁] 수익증권	투자계약증권
[비금전 신탁] 수익ST	투자계약ST

장외 유통플랫폼 제도화(장외거래중개업)
투자계약증권에 유통제도 적용

VI

주요 국가별 STO 동향

미국

　미국은 STO를 통해 발행된 디지털자산이 증권에 해당할 경우 증권과 동일한 규제를 부과하고 있으며 토큰의 증권성 판단을 위해 투자계약 요건 기준인 Howey Test를 이용하고 있다. Howey Test는 금전투자, 공동사업, 투자자에 따른 수익 기대, 제3자의 노력에 대한 수익 발생이라는 네 가지 요건으로 구성되어있다.

　증권법상의 투자계약을 일률적으로 정의하기는 어렵기 때문에 특정 가상자산이 투자계약에 해당하는지는 구체적 상황을 고려하여 개별적으로 판단하도록 하고 있으며 2019년 SEC는 가상자산에 대한 투자계약 가이드를 제공하고 있다.

　미국은 토큰증권 발행 시 연방 증권법에 따라 SEC(Securities and Exchange Commission)에 등록하거나 증권법상 면제 규정을 적용받으며 토큰증권의 유통은 SEC의 규제에 따라 기존 증권거래소와 유사하게 운영되고 있다. 1993년 증권법에 따라 토큰증권 발행의 경우 증권과 동일한 제재가 부과되며 Regulation D(사모 발행), Regulation A(소액 모집), Regulation

CF(클라우드 펀딩) 등의 등록면제 규정이 적용된다.

토큰증권 거래플랫폼은 ATS(Alternative Trading System) 인가를 받아 SEC 와 FINRA(Financial Industry Regulatory Authority)에 브로커-딜러로 등록된다.

토큰증권 거래소는 상장된 토큰증권의 관리, 수탁 서비스, KYC(Know Your Customer) 및 적격 투자자 관리 등의 서비스를 제공한다. 토큰증권을 유통시키는 거래플랫폼 사업에는 기존 금융업자와 신흥 가상자산업자 가 모두 참여하고 있으며, 은행(HSBC 등), 증권거래소(Swiss Exchange 등), 가 상자산 거래플랫폼(Binance 등), 탈중앙화거래소(UNISWAP 등), 토큰증권거 래소(tZERO 등)가 토큰증권 거래플랫폼 산업에서 경쟁하고 있다.

코인텔레그래프 리서치에 따르면, 2021년 4월 기준 유통되는 토큰 증권의 시가총액은 7억 달러이며, 일평균 거래금액은 10만 달러에 불 과하다.[4] 그러나 추세적으로 STO 사례가 증가하고 있으며, 이러한 STO 시장의 점진적 확대는 자본시장이 가장 발달한 미국을 중심으로 이루어지고 있다. 미국 1933년 증권법에 따르면, 토큰증권을 발행하 기 위해서는 원칙적으로 증권신고서(S-1)를 제출하여야 한다.

그러나 실무상 토큰증권은 사모조항(Reg. D 등)을 이용하여 발행공시 의무를 면제받고 적격투자자를 상대로 발행 및 유통된다. 또한 크라 우드펀딩(Reg. CF), 소규모공모(Reg. A+) 또는 역외거래면제(Reg. S) 조항을 이용하여 증권신고서 제출의무를 면제받기도 한다. STO에 활용될 수 있는 발행공시의무 면제조항을 비교하면 아래 표와 같다.

---

4) 한아름 선임연구원, KCMI, 2023.1, 국내 토큰증권 발행(STO) 현황 및 시사점.

[표 5] STO에 활용할 수 있는 발행공시의무 면제조항

과제	Reg D:506(b)	Reg D:506(c)	Reg A+:Tier 1	Reg A+:Tier 2	Reg CF
SEC 제출서류	Form D	Form D	Form 1–A	Form 1–A	Form C
발행금액 한도 (12개월 내)	없음	없음	2,000만 달러	7,500만 달러	500만 달러
적격투자자 이외의 투자자	숙련된 (sophisticated) 투자자35인	불허용	허용	조건부 허용 (비적격투자자의 연수입 또는 순자산에 따른 투자한도)	조건부 허용 (비적격투자자의 연수입 또는 순자산에 따른 투자한도)
일반적 청약의 권유	불허용	허용	허용	허용	제한적 허용 (Testing Water 등)
유통 제한	제한주식	제한주식	제한주식 아님	제한주식 아님	12개월 재판매 금지

위에서 언급한 STO를 위한 면제조항의 개별 요건 충족 여부는 발행 및 거래플랫폼에서 법규준수(compliance)에 관한 스마트계약을 통해 자동으로 검증되며, 요건이 불충족 시 거래가 불가능하게 된다.

일반적으로 토큰증권의 거래에 있어, KYC와 투자 적격성이 검증된 투자자만이 화이트리스트(whitelist)에 등록되고, 화이트리스트에 있는 투자자만이 스마트계약에 따라 플랫폼에서 거래가 가능하다. 토큰증권을 유통시키는 거래플랫폼 사업에 기존 금융업자와 신흥 가상자산업자가 모두 참여하고 있으며, 향후 치열한 경쟁이 예상된다. 은행(HSBC 등), 증권거래소(Swiss Exchange 등), 가상자산거래플랫폼(Binance 등), 탈중앙화거래소(UNISWAP 등), 토큰증권거래소(tZERO 등)가 토큰증권 거래플랫폼 산업에서 경쟁하고 있다.

미국의 자본시장에서 주식, 채권 등 전통적 금융투자상품에 대한 STO는 발행·유통에 있어서의 편익이 토큰증권화에 따르는 비용보다

크다는 것을 시장 참가자들이 인식할 때 활성화될 수 있다.

2008년 무분별한 자산유동화로 인해 서브프라임모기지 사태가 촉발되었다는 점에서, 미국의 금융당국은 다양한 유형·무형의 자산을 토큰 증권화함에 있어 재무 건전성 및 투자자 보호의 관점에서 적절한 규제 수준을 유지하여야 한다. 같은 맥락에서 OECD는 자산의 토큰화에 있어, 각국 정부가 자산 토큰화 관련 규제체계를 정비하고 국제적 협력을 강화할 것을 권고하였다.

[표 6] 미국 증권거래위원회의 STO 규제 현황

Reg D	Rule 504	12개월간 $10,000,000까지 판매 가능
	Rule 506(b)	공모 또는 광고하지 않는 전제로 공인 투자자 무제한, 비공인 투자자 35인에 대하여 발행 가능
	Rule 506(c)	공모 또는 광고 가능, 공인 투자자에게만 무제한 발행 가능
Reg S		공모 또는 광고 가능, 공인 투자자에게만 무제한 발행 가능
Reg A+	Tier 1	12개월간 $20,000,000까지 판매 가능, SEC 승인 필요
	Tier 2	12개월간 $75,000,000까지 판매 가능, SEC 승인 필요
Reg CF		모든 대중이 투자할 수 있는 크라우드 펀딩

Reg D ("공인 투자자" 또는 미화 500만 달러를 초과하지 않는 경우에만 제공)
Reg A (2년 재무제표가 미화 5천만 달러 이하인 회사의 경우)
Reg S (미국 밖의 회사만 사용 가능) JOBS Act 크라우드펀딩 규제(회사가 최대 미화 500만 달러를 조달할 수 있지만 12개월 동안 재판매를 방지하는 것)
Regulation CF(규제 크라우드펀딩 또는 Reg CF)는 미국법전의 한 섹션으로, 특히 주식 크라우드펀딩을 다루는 미국법전 제17조 제227조(2021년)이다. 이 법의 섹션은 2016년 5월 16일에 시행된 2012년 잡스 법의 타이틀 III에서 비롯되었고, 2020년 11월에 개정되었다.

일본

　일본의 대형증권사들은 토큰증권 발행(Security Token Offering, STO)을 통해 사업영역을 확장하고 있다.[5] 일본은 STO에 금융상품거래법을 적용하여 제도권에 편입시켰으며 STO 시장 활성화를 위한 업계 주도의 STO 자율규제 기관이 존재한다. 2019년 5월, 2020년 5월 두 번에 걸친 개정을 통해 STO에는 금융상품거래법이 적용되었으며 토큰증권은 금융상품거래법 제2조 제1항에 따라 주식이나 회사채 같은 유가증권(제1항 유가증권)을 전자기록 이전 유가증권 표시권리에 따라 발행한 것을 의미하고 주식발행과 동등한 규제가 적용된다.

　일본STO협회(Japan Security Token Offering Association: JSTOA)는 2019년 10월 일본 대형증권사 6개사에 의해 설립되었으며 2020년 4월 일본 금융청으로부터 정식 허가를 받아 STO와 관련된 업계 규칙과 지침을 제정하는 역할을 수행하고 있다. 이들 증권사들은 최근 사업영역 확대 및 추가적인 비용 절감이라는 양면적 과제를 맞이한 상황 속에서 STO를 통해

---

5)　여밀림, kcmi 선임연구원, 2021, 일본의 토큰증권 발행(STO) 현황과 시사점.

기존 사업과 연관된 새로운 사업영역을 확장하는 전략을 취하고 있다.

일본은 2019년 5월, 2020년 5월 두 번의 관련 규제개정으로 토큰의 성격에 따라 지급결제 토큰은 자금결제법, 토큰증권 발행은 금융상품거래법을 적용하여 제도권에 진입시킨 바 있다. 2019년 개정 시 투자대상 측면을 고려해 가상통화라는 명칭을 암호자산으로 변경하였으며 암호자산을 기초자산으로 하는 파생상품 거래와 현물거래도 규제대상에 포함시켰다.

일본의 경우, 토큰증권은 금융상품거래법 제2조 제3항에서 유가증권에 표시되는 권리를 전자정보처리 조직을 이용하여 이전할 수 있는 재산적 가치로 표기한 것(전자기기, 기타물건에 전자적 방법에 의하여 기록된 것에 한함)으로 보고 있으며, 전자기록 이전권리에서 '이전'은 블록체인 네트워크상 계정 간에 안전하게 이전할 수 있는 시스템을 프로그램으로 실현한 것을 말한다.

2020년 5월 자금결제법 개정 시 제2조 제5항에 따라 전자기록 이전권리를 표시하는 물건을 제외한다고 정의하였으며 이는 지급결제 토큰에 대해서만 자금결제법이 적용됨을 의미한다. 수익분배권을 가진 자가 출자한 가상자산을 금전으로 간주하여 금융상품거래법을 적용하였으며 가상자산을 금융상품으로 포함시켰다. 이는 토큰증권이 금융상품거래법 제2조 제1항에 따라 주식이나 회사채 같은 유가증권(제1항 유가증권)을 전자기록 이전 유가증권 표시권리에 따라 발행한 것을 의미하며 주식발행과 동등한 규제가 적용됨을 의미한다.

따라서 토큰증권을 취급할 수 있는 자격은 증권사나 FX업자에게 주어지며, 펀드, 신탁수익권과 같은 제2항 유가증권의 STO의 경우는 투자자 보호 필요성에 따라 제1항 유가증권과 같이 취급하게 되며, 발행자에게 유가증권신고서 제출과 투자설명서 교부 의무가 주어진다.

이외에 부동산 특정 공동사업법에 따른 출자지분의 토큰화, 회원권 등 권리의 토큰화도 정의되어 있다. 또한, 주식, 회사채 및 부동산 STO가 실시되었으며 부동산 토큰의 발행 비중이 높은 상황, 현재는 STO의 표준화 추진 및 유통시장의 정비를 논의 중이다.

2020년 10월 Securitize Japan과 LIFULL이 부동산 STO를 시행하였으며 목표 모집금액인 1,500만 엔을 달성, 2021년 1월부터 운용 중이다. 펀드 출자자의 지분양도가 이더리움 퍼블릭 블록체인에 기록되며 사전에 투자자 등록을 마치고 지분인수를 희망하는 제 3자가 나타나는 경우 출자지분의 양도가 설립되는 형태이다.

2020년 10월 SBI홀딩스는 증권사로는 최초로 자회사 주식을 토큰화하여 발행하여, SBI e-Sports의 제 3자 배정 유상증자에 보통주 1,000주를 주당 5만 엔에 발행 성공했다. 2021년 3월 미쓰이스미토모 신탁은행이 수익증권발행신탁을 토큰화하였으며 사모 방식에 의해 모집했다. 미쓰이스미토모 신탁은행이 상품을 설정하고 Securitize 플랫폼을 통해 수익증권을 토큰증권의 형태로 전환했다.

이 회사는 전문기관투자자를 대상으로 모집하였다. 2021년 4월 SBI 증권은 블록체인 컨소시엄 아이벳(ibet) 플랫폼을 통해 발행한 회사채 토큰의 공모를 시행했다. 또한 투자자에게 회사채 토큰 수량과 비례하여 가상화폐 리플(XRP)을 증정했다.

2021년 3월 노무라증권, SBI증권, 미쓰비시UFJ신탁은행은 수익증권 발행 신탁의 토큰을 공모의 형태로 모집했다. 노무라증권과 SBI증권의 경우, 토큰증권의 취급과 보관업무를 담당하고 있으며 미쓰비시 UFJ신탁은행은 토큰증권 플랫폼인 Progmat의 시스템 제공과 수탁업무를 담당하고 있다. 임대 부동산의 수익이 발생하면 수익을 분배받을 권리, 즉 신탁수익권을 토큰 형태로 발행하여 투자자를 모집하며 이는 국내 부동산 수익증권 플랫폼과 유사하다.

일본STO협회에서는 2021년 7월부터 토큰증권 시장 활성화 위원회를 설치하였으며 플랫폼의 연계를 통한 데이터의 표준화, 규칙 제정 등 업계 내 시장 정비의 세부 검토를 진행 중이다. SMBC그룹과 SBI그룹은 공동출자의 형태로 2021년 3월 대체거래소의 형태인 오사카디지털거래소(ODX)를 개설하였으며 토큰증권은 2023년부터 취급할 방침을 발표한 바 있다. 또한 SBI그룹은 2020년 12월 스위스 SIX 디지털거래소와 함께 싱가포르에 합작투자법인을 설립하였으며 2022년 기관투자자를 대상으로 토큰증권의 발행·거래·보관 서비스를 개시했다.

특히 신탁수익권이나 펀드 등을 토큰화한 것에 대해서는 엄격한 규제가 적용되어 기관투자자나 총 1억엔 이상의 금융자산과 암호자산을 보유한 부유층으로 투자자를 한정하거나 양도제한(매번 권리 소유자의 신청과 발행자의 승낙이 없으면 토큰을 이전하지 못하도록 하는 기술적 조치)을 하는 등 보다 구체적인 규제가 적용되고 있으며, Mt. Gox와 CoinCheck 해킹 사건으로 투자자 피해가 발생한 이후 금융당국은 투자자 보호를 가장 중요한 사항으로 고려하여 금융상품거래법을 개정했다.

:: 일본의 STO 사례

SBI홀딩스는 2020년 10월 9일 첫 번째 STO(Security Token Offering)를 발표했다. 일본에서는 2019년 5월 31일 금융상품거래법 개정과 관련 정부 조례 개정으로 '전자기록 이전 등을 위한 증권표시권'으로 규정되어 있다. 2020년 5월 1일 개정 금융상품거래법 시행 이후 SBI그룹은 일본에서 첫 번째 STO 사업을 시작하였고, 첫 번째 발행은 SBI홀딩스를 인수인으로 하는 한편, 두 번째 이니셔티브인 디지털 회사채 공모는 해당 운용사가, 세 번째 이니셔티브는 SBI증권이 각각 발행하게 되며, 두 번째 이니셔티브인 디지털 회사채 공모는 모두 관련 정부 기관의 승인하에 이루어졌다.

2021년 4월 20일 SBI증권은 개인투자자를 대상으로 한 첫 번째 토큰증권 발행(STO)을 시작했다. 블록체인 기반 STO는 SBI증권이 자체적으로 발행한 회사채를 대상으로 했다. 지난해 SBI는 이번 발행에 사용되는 '아이벳 포 FI' 토큰증권 플랫폼을 개발한 노무라와 노무라 리서치가 설립한 회사인 부스트리에 투자했다. 첫 번째 소매 시도이기 때문인지 발행액이 1억 엔(92만 달러)으로 많지 않다. 최소 투자액은 10만 엔(921달러), 1년 만기 채권 금리는 0.35%이다. 리플의 초기 투자자이자 거액의 XRP 암호화폐를 보유한 SBI는 이전에 주주에게 배당금으로 XRP를 지급했다. STO의 경우 채권 구매자에게도 XRP를 지급하고 있다. 지난해 또 다른 SBI 자회사인 SBI e스포츠는 토큰화된 주식을 발행했다.

[표 7] SBI e스포츠의 토큰주식 발행 현황

1	Issuer	SBI e-Sports Co., Ltd.
2	Type and number of offered shares	1,000 shares of common stock
3	Underwriter	SBI Holdings, Inc.
4	Payment amount of offered shares	Gold 50,000 yen per share
5	Payment date	October 30, 2020 (planned)
6	Increased capital stock (including capital reserve)	Gold 50,000,000 yen
7	Stock management method	Issuance and management of digital stocks on an "ibet" basis

운용사 SBI홀딩스가 발행하는 디지털 회사채 공모는 그룹 내 운용사가 SBI증권을 통해 발행하는 디지털 회사채를 SBI증권을 통해 공모하는 방안을 검토 중이며, SBI증권이 디지털 회사채 인수인계를 대행하고 SBI증권 고객사 인수를 권유할 예정이며, 디지털 채권도 ibet 플랫폼을 활용해 발행 및 관리될 것으로 추정된다.

SBI증권은 신탁법과 자산청산법에 근거한 펀드형 STO의 취급을 검토하고 있다. 이러한 펀드에 대해 검토 중인 자산은 예를 들어 부동산, 미술, 게임 및 영화에 대한 저작권과 같은 지적재산권이다. STO에 참여함으로써 투자자는 적은 투자만으로 특정 자산의 소유자가 될 수 있고, 발행사는 자신의 자산을 위한 자금을 조달할 수 있게 된다.

STO에 참여한 투자자에게 해당 자산과 관련된 혜택(예: 영화의 저작권에 투자하는 STO 참가자에게 상품을 배포하는 것)을 제공함으로써 단순한 자금조달 이상의 고객 유치 및 보유를 가능하게 할 것이다. STO를 통해 새로운 비즈니스 기회 창출에 기여할 것으로 기대한다.

싱가포르

싱가포르에서 토큰증권을 제공하려는 모든 회사 또는 거래소는 SFA(Securities and Futures Act)에 따라 해당 라이센스를 받아야 한다. 또한 잠재적 투자자에게 혜택과 위험을 알리기 위해 토큰증권 제공과 함께 투자설명서를 발행해야 한다. 만약 발행하는 디지털 토큰이 증권으로 간주된다면 이러한 SFA Section 240에 따라 투자설명서를 발급해야 한다.

투자설명서를 발급해야 하는 이유는 투자자를 보호하기 위해서다. 다만 SFA Part XIII Subdivision (4)에는 증권상품을 발행할 때 투자설명서가 면제될 수 있는 네 가지 시나리오가 있다.

만약 STO를 위한 상품의 증권성이 인정된다면 투자설명서를 발급해야 하는데 이는 상당한 시간과 금액이 소요되기 때문에 투자설명서가 면제될 수 있는 네 가지 옵션을 충족해야 투자할 수 있다. 내용은 다음과 같이 요약할 수 있다.

① Small (personal) offer (12개월 동안 싱가포르 달러 5백만 달러 이하 또는 MAS에서 허가받은 소액의 모집)

② Private placement offer (12개월간 50인 이하의 사모)

③ Offer is made to institutional investors only (기관투자자 한정 모집)

④ The offer is made to accredited investors (적격투자자 한정 모집)

VII

STO 성공 요인 및
미래전략

성공 요인

암호화폐는 현재 모두의 입에 오르내리고 있으며 토큰화된 금융상품에 관한 관심도 높다. STO(Security Token Offering)는 이들의 새롭고 혁신적인 형태이다. 성공적인 STO을 위한 다섯 가지 주요 요인은 다음과 같다.

:: 자산의 품질

기술이 혁신적이기는 하지만 STO는 여전히 투자 대상이다. 투자자들은 이 상품이 그들에게 충분히 매력적으로 보일 때만 가입할 것이다. 따라서 기존 금융상품과 마찬가지로 STO에 대해서도 동일한 매력 요소가 결정적이다. 즉, 기존 금융상품과 마찬가지로 기초자산을 선택할 때 동일한 요소를 고려해야 한다. 예를 들어 자산이 부동산 프로젝트인 경우 위치가 중요하다. STO가 일반투자자를 더 겨냥한다면, 이해하기 쉬운 고전적인 상품을 선택해야 한다.

:: 투명한 커뮤니케이션

투자자는 핵심 사항을 이해하고 성공에 대한 자신감이 있다면 투자에 찬성하는 결정을 내릴 가능성이 더 크다. 따라서 STO의 준비와 구현 모두에서 의사소통은 가능한 한 투명해야 한다. 이를 통해 각 대상 그룹 간에 이해와 신뢰가 형성된다.

여기에는 전문적으로 설계된 제안서, 경험이 풍부한 팀, 그리고 잘 고안된 비즈니스 모델이 포함된다. 또한 강력한 네트워크를 구축하기 위해서는 좋은 마케팅 전략이 필요하다. 마케팅은 일반적으로 전통적인 금융 부문보다 STO 시장에서 더 중요하다. 투자자들에게 모델을 납득시키고 STO에 대한 신뢰를 쌓기 위해서는 훨씬 더 많은 교육이 필요하다.

:: 간단한 투자 프로세스

시스템과 애플리케이션의 사용자 친화성도 중요한 역할을 한다. 투자 과정은 투자자에게 최대한 직관적이고 단순해야 한다. 이는 변환 속도를 낮추고 STO의 성공을 감소시키기 때문에 절대적으로 필요하지 않은 모든 클릭을 생략해야 한다는 것을 의미한다.

:: 현재의 시장 동향

외부의 영향은 또한 STO가 투자자들에게 좋은 평가를 받는지 아닌지를 결정할 수 있다. 그러므로, 현재의 발전을 주시할 가치가 있다. 암호화 시장의 발전은 STO의 배치 성공에도 영향을 미칠 수 있다. 더 많은 투자자가 이 시장에 진입하여 이익을 낸다면, 그들 역시 STO에 더 많은 투자를 할 것이라고 가정할 수 있다.

:: 네트워크 역량

궁극적으로, 기업 형태, 토큰 구조, 관할권, 최소 투자 금액, 금리, 블록체인 선택 등 STO의 매개 변수를 정의하는 데 에코시스템 파트너를 참여시키는 것도 의미가 있다. 생태계에 속한 기업들은 토큰화의 다양한 측면을 전문적 기술로 무장하고 있어 더 전문적인 지식을 통하여 지원해야 한다.

기대효과

　첫째, 조각 투자와 같이, 기존에 전자증권으로 발행되기 어려웠던 다양한 권리가 토큰증권의 형태로 손쉽게 발행·유통될 수 있다. 토큰증권은 탈중앙화가 특징인 분산원장을 기반으로 하기 때문에 금융기관이 아닌 발행인도 직접 증권을 전자등록·관리하도록 허용할 수 있고, 스마트계약 등의 기술을 활용해 다양한 권리를 편리하게 증권화하여 발행하고 유통할 수 있다.

　둘째, 상장 주식시장 중심인 증권 유통제도가 확대되어 비정형적 증권(투자계약증권, 비금전신탁수익증권)에 적합한 다양한 소규모 장외시장이 형성된다. 허용되지 않던 장외시장이 형성됨에 따라, 다양한 증권이 그 성격에 부합하는 방식으로 유통되고 다변화된 증권거래 수요를 충족할 수 있을 것이다. 마지막으로 토큰증권의 발행·유통 과정에서 그동안 자본시장 제도가 마련·발전시켜 온 투자자 보호 장치가 모두 같이 적용된다.

자본시장의 역사는 투자자 보호 장치 발전의 역사라고 할 수 있다. 토큰증권의 투자자도 기존 증권과 같이 보호하여, 토큰증권 시장이 투자자 보호의 공백 없이 책임 있는 혁신을 이룰 수 있다.

향후 발전과제

　비의도적 토큰증권에 대한 국내 규제에 있어, 자본시장법상 투자계약에 해당하는 가상자산이 같은 법에 따른 규제(공시의무, 불공정거래 금지 등)를 받지 않고 가상자산거래플랫폼에서 유통되는 상황은 막아야 할 것이다. 또한 해외에서 ICO된 토큰증권이 자본시장법상 규제 없이 국내 가상자산거래플랫폼에서 유통되는 사태도 막아야 한다.

　단기적으로는 가상자산거래플랫폼 기능을 하는 가상자산사업자가 특정 가상자산의 거래지원(소위 '상장')을 심사할 때, 해당 발행인이 심사 대상 가상자산이 자본시장법상의 투자계약이 아니라는 법률의견서를 첨부하도록 하는 심사 절차를 제도화하여야 할 것이다.

　장기적으로는 국내 금융감독당국도 SEC와 같이 가상자산의 투자계약 해당 가능성에 관한 가이드라인을 제시하는 것이 바람직하다.

　의도적 토큰증권에 대한 규제에 있어, 규제 유예제도에서 허용된 토큰증권의 유통을 지원하는 인프라를 구축할 필요가 있다. 또한 장기적으로 증권, 채권, 투자계약증권, 집합 투자증권 등 기존의 증권이 토큰화되어 유통될 수 있도록 국제적 표준에 맞는 제도적 인프라 구축이 필요하다.

이러한 정책적 노력을 함에 있어 유의할 점은 유동성이 부족한 여러 유형 · 무형의 자산을 수익증권 등으로 토큰화하여 무분별하게 유통하는 상황이 야기되지 않도록 하여야 한다는 점이다. 불량자산이 복잡한 구조로 토큰화되어 시중에 유통되는 경우, 과거 글로벌 금융위기 시기의 자산유동화의 폐단이 나타날 위험성이 크기 때문이다.

향후 STO 가이드라인이 발표되고 STO 규제가 시행되면 STO를 활용한 다양한 투자상품이 개발 및 제공됨에 따라 조각투자 시장 확대 및 신규 사업자들의 참여에 따른 경쟁도 증가가 예상되며, 국내와 유사한 방향으로 규제를 정립 중인 해외 사례를 참고하여 제도를 보완해 나갈 필요가 있다.

STO 규제가 시행되면 증권업을 중심으로 STO를 활용한 다양한 조각투자 상품과 STO 플랫폼 서비스가 출시되고 증권사 이외의 참여자들 확대로 STO 시장의 경쟁은 증가할 것으로 예상된다.

국내 증권사는 조각 투자사와 업무협약을 기초로 STO 플랫폼 개발 및 투자를 진행해 왔으며 제휴 조각 투자사에 따라 부동산, 음악 저작권, 미술품 등 다양한 부문의 조각 투자 서비스 상품을 제공할 것으로 전망된다. 금융규제샌드박스 적용을 받은 STO 플랫폼 기업의 경우도 지정기간 만료 후 사업의 지속성에 대한 리스크가 감소하고 제도권 내에서 서비스 제공이 가능하다.

일정 요건을 갖추면 증권사를 통하지 않고 토큰증권을 단독 발행할 수 있는 제도적 기반이 마련됨에 따라 증권사 이외 기업들의 참여 확대로 STO 시장 경쟁도 증가가 예상된다.

미국 및 일본도 토큰증권에 증권과 같은 규제를 적용하고 있으며 실질적으로 자본시장법상 증권 개념에 해당하면 해당 투자상품을 증권으로 선언하는 접근방식인 기술 중립성 원칙을 채택하고 있으므로 국내 토큰증권의 증권성 판단에서 관련 규정 참조가 가능하다. 국내 토큰증권의 증권성은 권리의 실질적 내용을 기준으로 계약 내용 등 투자 및 거래 관련 제반 사항을 종합적으로 고려하여 판단해야 한다.

토큰증권에 해당되는 투자계약증권은 적용 범위가 폭넓게 인정될 수 있고 국내의 경우 규제 시행 초기에는 적용례가 많지 않으므로 STO 가이드라인과 함께 기술 중립성 원칙을 채택하고 있는 미국 등의 사례를 보완적으로 활용할 수 있다. STO 규제 시행과 함께 일본STO협회와 역할이 비슷한 STO 자율규제 기구를 설립하고 보완적으로 활용하여 사업 참여자의 의견 반영 및 제도의 실효성을 높이는 방안도 고려해 볼 필요가 있다.

현재 일본에서 STO 사업에 관여하는 기업은 대부분 일본STO협회 소속으로 사업 운영의 경험을 반영하여 가이드라인을 만들고 금융당국과 조율하기 때문에 실무 영역이 부족한 규제 기관의 규제 제정 사이의 공백을 보완하는 역할을 수행하고 있다.

향후 전망 및 시사점

  금융위는 지난 2월 토큰증권 발행과 관련, 가이드라인을 제시하고,
샌드박스 테스트를 거쳐 제도를 만들었다. 전자증권법·자본시장법
개정안 등은 '23년 안에 법안을 제출하고, 법 개정 전에도 투자계약증
권의 유통과 수익증권의 발행·유통은 혁신성이 인정될 경우 샌드박
스를 통해 테스트할 예정이다. 단, 전자증권법 개정 전에는 기존 전
자증권과 토큰을 1:1매칭하는 등의 방법으로 전자증권화가 필요하다
고 밝히고 있다.

[표 8] 금융위의 STO 관련 향후 추진일정

	과제	필요 조치사항	추진 일정
발행	토큰증권 수용	전자증권법 개정	'23.上 법안제출
	발행인 계좌관리기관 도입	전자증권법 개정	'23.上 법안제출
	전문투자자 사모	자본시장법 개정	'23.上 법안제출
	소액공모 한도 확대	자본시장법 시행령 개정	'23년 내
	소액공모Ⅱ 도입	자본시장법 개정	'23.上 법안제출
	토큰증권 공모 간주	증권의 발행 및 공시 등에 관한 규정 개정	전자증권법 개정 후속

	투자계약증권 유통제도 적용	자본시장법 개정	'23.上 법안제출
유통	장외거래중개 인가 신설	자본시장법 시행령 개정	자본시장법 개정 후속
	소액투자자 매출공시 면제	자본시장법 시행령 개정	자본시장법 개정 후속
	디지털증권시장 신설	자본시장법 시행령 개정	자본시장법 개정 후속

•참고 1•

1. 분산원장 · 발행인 계좌관리기관 · 장외거래중개업(잠정안)
① 권리자 정보 및 거래 정보가 시간 순서대로 기록되고, 사후적 조작 · 변경이 방지될 것
② 분산원장에 기록된 권리자 정보 및 거래정보와 실제거래내역 사이의 동일성이 계좌관리기관의 책임으로 입증이 가능할 것
③ 권리자 정보와 거래정보가 복수의 분산된 장부에 동일하게 기록될 것
④ 전자등록기관, 금융기관 또는 발행인과 특수관계인에 해당하지 않는 계좌관리기관이 다수 참여하여 분산원장을 확인할 수 있을 것
⑤ 권리자 및 거래정보 기록을 위해 별도의 가상자산을 필요로 하지 않을 것
⑥ 분산원장으로 기록하기 적합한 권리를 등록할 것(상장증권, 상장DR, 파생결합증권 제외)
⑦ 개인정보보호법, 신용정보법 등 법령을 위반하지 않을 것

2. 발행인계좌 관리기관(안)
① (분산원장) 분산원장 요건을 충족할 것
② (자기자본 · 물적설비 · 대주주 · 임원요건) 의견수렴을 거쳐 추후 확정 예정
③ (인력요건) 법조인, 증권사무 전문인력, 전산 전문인력 각 2인
④ (손해배상) 투자계약증권 발행량에 비례한 기금 적립
⑤ (총량관리) 최초 발행 · 발행수량 변동 · 일정 주기 시 암호화된 명세를 전자등록기관(KSD)에 통보 → 필요시 KSD가 비교 검증

장외거래중개업 요건(안)

① (자기자본, 물적·인적·대주주·임원요건) 채권전문중개회사 수준을 감안 의견수렴을 거쳐 추후 확정 예정
  - 자기자본은 증권 유형(인가단위) 별로 자기자본 요구 예정
② (업무범위) 증권시장 외에서 투자계약증권/수익증권 매매의 중개업무
  - 동시에 다수의 자를 각 당사자로 하여 종목별로 매수호가 또는 매도호가와 그 수량을 공표
  - 당사자 간의 매도호가와 매수호가가 일치하는 가격으로 매매거래를 체결
③ (투자한도) 일반투자자의 연간 투자한도 제한
  - 수익증권에 비해 도산절연, 비정형성 측면에서 투자위험이 높은 투자계약증권의 투자한도를 더 낮은 수준으로 정할 예정
④ (대상증권) 공모발행 및 소액투자자(발행총량의 5% 이내 소유, 발행·인수·주선인 및 그 특수관계인 제외) 소유 투자계약증권, 수익증권
⑤ (업무기준) 중개신청의 방법, 중개신청의 취소 및 정정의 방법, 매매체결의 원칙 및 방법, 착오매매 정정의 방법, 매매체결내용의 통지방법, 매매계약의 이행방법, 기록의 작성·유지방법, 발행인 현황 공시방법, 불량회원 제재기준, 이상거래 적출기준 등을 정할 것
⑥(금지행위) 발행·인수·주선한 증권의 매매 중개 금지, 정보 제3자 제공·누설 금지, 매매 중개업무와 다른 업무 간 결부 금지
⑦(기타) 예탁금·건전성·권유·광고 등에 대해서는 증권사와 동일 규제 적용

최근 미국 씨티은행의 [머니, 토큰, 그리고 게임] 보고서에 따르면, 2030년까지 글로벌 토큰증권 산업 규모는 4~5조 달러(한화 5200조원~6500조원)로 급성장할 것으로 전망되고 있다. 현재 토큰증권 시장 규모가 약 30조원 수준임을 고려하면 연평균 약 30배의 폭발적인 성장이 예상된다. 특히 토큰증권 산업은 4차 산업혁명을 이끌 성장 인프라로 주목받으며, 산업 간 경계를 허무는 빅 블러(Big Blur) 시대의 동력으로 작용할 수 있다는 전망도 나오고 있다.

향후 STO 가이드라인이 발표되고 STO 규제가 시행되면 STO를 활용한 다양한 투자상품이 개발 및 제공됨에 따라 조각투자 시장 확대 및 신규 사업자들의 참여에 따른 경쟁도 증가가 예상되며, 국내와 유사한 방향으로 규제를 정립 중인 해외 사례를 참고하여 제도를 보완해 나갈 필요가 있다.

① STO 규제가 시행되면 증권업을 중심으로 STO를 활용한 다양한 조각투자 상품과 STO 플랫폼 서비스가 출시되고 증권사 이외의 참여자들 확대로 STO 시장 경쟁도는 증가할 것으로 예상된다. 국내 증권사는 조각투자사와 업무협약을 기초로 STO 플랫폼 개발 및 투자를 진행해 왔으며 제휴 조각투자사에 따라 부동산, 음악 저작권, 미술품 등 다양한 부문의 조각투자 서비스 상품을 제공하게 된다.

금융규제샌드박스 적용을 받은 STO 플랫폼 기업의 경우도 지정기간 만료 후 사업의 지속성에 대한 리스크가 감소하고 제도권 내에서 서비스 제공이 가능하다. 일정 요건을 갖춘 경우 증권사를 통하지 않고 토큰증권을 단독 발행할 수 있는 제도적 기반이 마련됨에 따라 증권사 이외의 기업들의 참여 확대로 STO 시장 경쟁도 증가가 예상된다.

② 미국 및 일본도 토큰증권에 증권과 같은 규제를 적용하고 있으며 실질적으로 자본시장법상 증권 개념에 해당하면 해당 투자상품을 증권으로 선언하는 접근방식인 기술 중립성 원칙을 채택하고 있으므로 국내 토큰증권의 증권성 판단에서 관련 규정 참조가 가능하다.

국내 토큰증권의 증권성은 권리의 실질적 내용을 기준으로 계약 내용 등 투자 및 거래 관련 제반 사항을 종합적으로 고려하여 판단하여야 한다. 토큰증권에 해당하는 투자계약증권은 적용 범위가 폭넓게 인정될 수 있고 국내의 경우 규제 시행 초기에는 적용례가 많지 않으므로 STO 가이드라인과 함께 기술 중립성 원칙을 채택하고 있는 미국 등의 사례를 보완적으로 활용할 수 있다.

③ STO 규제 시행과 함께 일본의 일본STO협회와 같은 STO 자율규제 기구를 설립하고 보완적으로 활용하여 사업 참여자의 의견 반영 및 제도의 실효성을 높이는 방안도 고려해 볼 필요가 있다. 현재 일본에서 STO 사업에 관여하는 기업은 대부분 일본STO협회 소속으로 사업 운영의 경험을 반영하여 가이드라인을 만들고 금융당국과 조율하기 때문에 실무 영역이 부족한 규제기관의 규제 제정 사이의 공백을 보완하는 역할을 수행하고 있다.

일본은 STO를 제도권에 편입시켜 규제 테두리 안에서의 육성을 택하였으며, 국내에서도 STO의 자본시장법 적용에 대해 논의되고 있는 가운데 일본의 사례는 투자자보호 측면에서 시사점을 제공하고 있다. 토큰증권을 입법화하지 않은 미국과 달리 일본은 금융상품거래법에 따라 토큰화한 것은 규제의 대상이 되고 있다.

미국 SEC는 가상자산이 1933년 증권법상의 '투자계약' 요건에 해당하면, 증권으로 간주하여 관련 거래행위에 증권법을 적용하고 있으며 가상자산이 투자계약 등 증권에 해당하면, 증권법상의 공시규제 및 불공정거래규제가 적용된다.

국내에서 금융투자업 및 자본시장법(FSCMA)상 의무공시 및 부정행위 방지 규정을 준수하지 않고 발행되는 토큰증권을 규제할 때는 가상자산 거래플랫폼에서 토큰증권이 거래되지 않도록 하는 것이 중요하다. 또 다른 회피해야 할 사례는 토큰증권이 금융위의 규제를 받지 않고 해외에서 발행한 된 뒤, 국내의 가상자산 거래플랫폼에서 거래되는 토큰증권이다.

금융감독당국은 금융위에서 가상자산이 '투자계약담보'인지 여부를 판단할 수 있는 가이드라인을 제시해야 하며, 국내 가상자산 거래플랫폼 상장심사 과정에서 가상자산이 투자계약담보인지를 입증하는 법률적 의견을 요구해야 한다.

의도적인 토큰증권에 대해서는 규제샌드박스에 따라 허용되는 토큰증권의 거래를 지원하는 인프라 구축이 필요하다. 장기적으로 주식, 채권, 투자계약증권, 집단투자증권 등 다양한 토큰증권거래와 거래를 돕는 글로벌 표준과 호환되는 규제 인프라가 있어야 한다. 다만 유동성이 떨어지고 부실자산이 토큰화돼 무분별하게 거래되는 것을 막기 위한 적절한 규제가 마련돼야 함은 물론이다. 복잡한 토큰화 과정을 거쳐 부실자산이 거래될 경우, 글로벌 금융위기 당시 관측된 증권화의 또 다른 여파가 촉발될 가능성이 클 것으로 예상되기 때문이다.

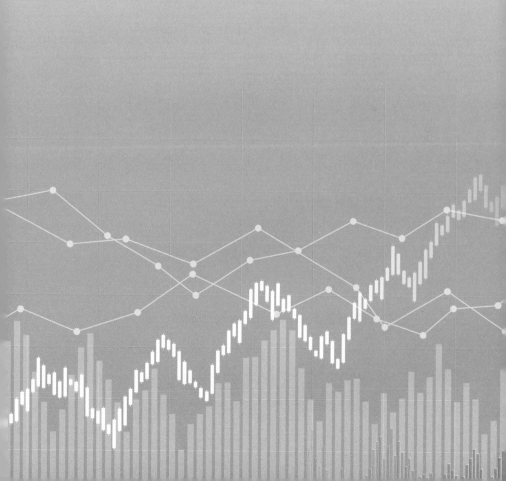

부록

토큰증권은 무엇입니까?

Q. 토큰이 무엇입니까?

토큰은 블록체인 프로토콜을 기반으로 구축된 애플리케이션에 대한 권리를 나타내는 디지털자산으로 토큰의 소유자는 익명으로 해당 권리에 접근, 사용, 혜택을 받거나 이전할 수 있습니다. 예를 들어 Basic Attention Token은 이더리움 프로토콜을 기반으로 구축된 분산형 애플리케이션이며 BAT는 해당 dApp의 사용과 관련된 토큰입니다.

Q. 만약 내가 그것을 본다면 어떤 모습일까요?

디지털 코드.

Q. 가상자산은 디지털자산과 동일합니까?

디지털자산은 모든 기술에 걸쳐 적용됩니다. 가상자산은 블록체인과 암호 공간에 특화된 용도를 획득했습니다. 따라서 가상자산은 암호 공간의 디지털자산을 의미합니다.

홍콩 증권선물위원회(SFC)는 가상자산을 '암호화폐', '암호자산' 또는 '디지털 토큰'으로도 알려진 가치의 디지털 표현으로 설명했습니다. SFC는 가상자산이 "디지털 토큰(디지털 통화, 유틸리티 토큰 또는 증권 또는 자산 지원 토큰 등) 및 기타 가상 상품, 암호자산 및 본질적으로 동일한 성격의 기타 자산"을 포함할 것이라고 추가로 규정했습니다. 그리고 SFC는 가상자산의 특징을 지급수단, 수익을 제시하거나 미래에 얻을 권리, 제품 또는 서비스에 액세스할 권리를 포함하는 것으로 규정했습니다. 따라서 가상자산은 암호공간의 디지털자산을 의미합니다.

Q. 블록체인 프로토콜을 말씀하셨는데 그게 뭐죠?

프로토콜은 다른 프로토콜에 대한 참조나 의존 없이 독립적으로 존재하는 기술입니다. 블록체인 프로토콜은 블록체인 기술을 사용하며, 인터넷 프로토콜을 기반으로 구축됩니다. 각 블록체인 프로토콜은 독립적으로 생성되며, 기존의 다른 블록체인 프로토콜을 사용하지 않습니다.

토큰증권은 블록체인 프로토콜을 기반으로 구축된 애플리케이션에서 발행하는 토큰입니다. 따라서 토큰증권을 만들 때, 가장 먼저 결정하는 것 중 하나는 어떤 프로토콜을 사용할지입니다. 예를 들어, 비트코인 프로토콜은 비트코인이라는 코인을 발행하여 비트코인 사용자가 비트코인을 전송할 수 있도록 합니다. 프로토콜의 다른 예로는 이더리움, 이오스, 스텔라 등이 있습니다.

Q. 그리고 그것은 코인과 똑같죠, 그렇죠?

글쎄요, 사실은 아닙니다. 코인은 프로토콜에서 채굴된 보상이며, 그 다음에 거래됩니다. 토큰은 프로토콜을 기반으로 하는 애플리케이션에 의해 발행되며, 대개는 해당 애플리케이션 내에서만 작동합니다. 그러나 일단 존재하면 코인과 토큰은 상당히 유사합니다.

Q. 다른 종류의 토큰이 또 있습니까?

다음은 광범위한 범주입니다.

유틸리티 토큰: 블록체인 플랫폼에서 제공되는 서비스에 대한 액세스 제공, 구매 또는 사용을 주요 목적으로 하는 토큰입니다. 예를 들어, STORJ는 분산형 클라우드 스토리지 솔루션인 Storj를 사용하는 데 필요한 토큰입니다.

결제(또는 통화) 토큰: 블록체인 플랫폼 사용자가 플랫폼 외부에서 제공되는 상품과 서비스에 대한 가치 또는 결제를 교환하는 것을 주된 목적으로 하는 토큰입니다. BTC는 결제 코인의 전형적인 예입니다.

토큰증권: SFC는 또한 토큰증권을 "블록체인 기술을 활용한 자산(예: 금 또는 부동산) 또는 경제적 권리(예: 이익 또는 수익의 지분)의 소유권의 디지털 표현"으로 설명했습니다. 예를 들어, TZRO는 티제로가 토큰증권 발행에서 발행한 토큰증권입니다.

자산 토큰: 기초자산에 대한 소유권의 디지털 표현 또는 해당 자산에서 발생하는 수익 또는 이익을 주요 목적으로 하는 토큰입니다. 자산 토큰은 토큰증권의 하위 집합입니다. 자산 코인의 초기 예는 아스펜의 세인트 레지스 리조트와 관련하여 토큰화된 자산 제공에서 발행되는 아스펜 코인입니다.

하이브리드 토큰: 토큰의 이러한(그리고 향후에는 다른) 범주의 요소를 결합하는 토큰입니다.
이것들은 진화하고 있으며, 이 범주 내에는 다양한 줄무늬와 색상의 토큰이 있습니다.

Q. 토큰증권에 대한 큰 이슈는 무엇입니까?

주요 이슈 중 하나는 규제입니다. 많은 "유틸리티" 토큰은 토큰증권(또는 다른 형태의 규제 토큰)으로 분류될 수 있습니다. 또한 토큰이 한 위치에서 유틸리티 토큰으로 간주하더라도 다른 위치에서는 토큰 증권으로 간주할 수 있습니다. 복잡하고 회색이며 불확실하며 위험합니다. 토큰이 프로젝트 추진자에 의해 증권으로 취급되면 규제 확실성이 훨씬 더 큽니다.

Q. 규제는 꽤 무거운 부담입니다. 제가 왜 그걸 떠안아야 하죠?

토큰증권 환경이 성숙할수록 공모 비용이 절감됩니다.
변호사, 브로커, 등록자 및 기타 중간 관리자의 필요성이 감소하는 중재가 있을 것입니다. 진행 중인 규정 준수 프로세스는 상당히 자동화될 것입니다.
투자자의 관점에서, 규제받는 상품에 투자하는 것은 규제받지 않는 상품보다 더 많은 편안함을 제공할 것입니다. 생각해보세요. 서비스로서의 증권 규정 준수(SCaaS). 규제가 매력적이 될 수 있습니다.

Q. 그렇다면 그것은 단지 규제에 관한 것입니까?

그것은 단지 한 가지 이유일 뿐입니다. 토큰증권에는 상당히 많은 실용적인 이점이 있습니다. 이는 일반적으로 증권 맥락에서 블록체인 기술을 사용함으로써 발생합니다. 다음을 포함합니다.
유동성 증가: 증권 판매의 용이성을 높이고 종종 민간 투자로 인한

유동성 할인을 줄입니다.

시장 깊이 증가: 토큰증권은 토큰 거래에 참여할 수 있는 사람의 수를 증가시킵니다. 이는 투자를 분할함으로써 수행할 수 있습니다. 따라서 값비싼 투자는 많은 사람이 참여하기에 너무 높은 투자 임계값을 가질 수 있습니다. 대신 많은 분할 이해관계로 나눌 수 있다면 투자의 기준은 줄어들 수 있습니다.

그러면 참여할 수 있는 사람은 더 많습니다. 예를 들어, 앤디 워홀의 원본을 살 수 있는 사람은 세상에 소수일 수 있습니다. 하지만 앤디 워홀의 1,000분의 1에 해당하는 토큰증권을 살 수 있는 사람은 더 많을 수 있습니다. 바로 그 깊이입니다.

중개 중단: 현재 프로세스에 필수적인 중개자의 필요성이 줄거나 아예 없어야 합니다. 소유권 등록부는 반박할 수 없는 기록으로 자동 유지됩니다. 거래 처리, 청산 및 결제가 자동화되고 거의 즉시 수행됩니다. 참여할 수 있는 사람에 대한 평가는 변호사가 아닌 스마트계약으로 결정됩니다.

Q. 우리는 세계를 토큰화할 것입니다!

그렇지 않습니다. 토큰증권의 가장 좋은 사용 사례는 자본 비용에는 민감하지만, 투자자의 신원에는 불가지론적인 비유동 자산입니다.

몇 가지 예를 들어보겠습니다.

사회적 기업 사업을 예로 들어봅시다. 사업의 주요 이해 관계자들의 정체성은 중요한 특징입니다. 누구나 될 수 있다는 생각은 충격적일 것입니다. 토큰화하기에 좋은 후보는 아닙니다.

부동산은 유동적이지 않습니다. 자본 비용은 투자의 매력을 결정합니다. 자본 비용을 낮추면 시장 진입이 매력적입니다. 투자자의 신원은 중요하지 않습니다. 이러한 특성은 양질의 부동산 자산을 토큰화의 좋은 사용 사례로 만듭니다.

부동산 토큰화

Q. 부동산의 토큰화가 매력적인 이유는 무엇입니까?

부분 소유는 토큰화에 의해 자산 일부를 사용할 수 있게 할 것입니다. 이는 자산 소유자에게 시장에 접근하는 방법에 대한 다양한 선택권을 제공합니다. 예를 들어 앵커 투자자는 40%의 이자를 보유할 수 있고, 30%는 다른 주요 투자자에게 공개될 수 있으며, 30%는 토큰화될 수 있습니다.

토큰화를 통해 잠재적으로 적은 비용으로 자산 소유에 참여할 수 있는 더 넓은 범위의 사람들에게 접근할 수 있습니다. 투자자는 50,000,000홍콩달러를 투자할 수 없지만 500,000홍콩달러를 투자할 수 있는 사람들에게 참여할 수 있습니다. 토큰화는 이를 더 가능하게 합니다.

시간이 지나면 투자자들은 더 넓은 범위의 부동산 자산에 접근할 수 있을 것입니다. 현재 국제 부동산 투자 시장은 접근하기 어렵고 투자자들은 기회를 제시하기 위해 중개자들에게 의존해야 합니다. 부동산 투자는 더 유동적으로 만들어질 것입니다. 토큰은 유통시장에서 거래될 것입니다. 부동산 투자는 일반적으로 몇 년 동안 정체되어 있습니다. 토큰화된 부동산은 토큰 보유자의 재량에 따라 전체 또는 부분적으로 판매될 수 있습니다.

Q. 부동산 공개 거래, 마치 리츠 같습니다.

오직 표면적인 수준에서만. 실제로 토큰화된 부동산 투자는 상당히 달라야 합니다.

리츠는 증권거래소에서 거래되는 증권입니다. 기초 투자 및 자산 관리 정책은 많은 조건을 따릅니다. 운용사 및 기타 참가자 모두 높은 수준의 규제를 받습니다. 평균 리츠의 형성 및 운영 비용은 많은 고가의 부동산 자산을 포함하는 부동산 포트폴리오에 맞춰져 있습니다. 투자의 성격은 매수 및 보유 투자 정책에 적합합니다.

다음은 토큰화된 부동산 투자에 적용될 몇 가지 차이점입니다.

리츠에 비해 중개 기관의 참여가 적을 것입니다.

형성 비용은 상당히 줄어들 것입니다. 기술과 인프라가 성숙되면 단일 부동산 자산이 토큰화되는 것이 실행 가능해야 합니다.

유통시장에서의 거래는 증권거래소가 아닌 자동화된 거래소에서 이루어질 것입니다. 그 거래소들은 1년 365일 연중무휴로 전 세계적으로 운영될 것입니다. 청산 및 결제는 거의 즉시 진행될 것이며 회원 명부는 블록체인에 기록될 것입니다.
투자 의무화, 전략 및 정책은 자산 소유자의 상업적 동인에 의해 실질적으로 추진되므로 더욱 유연하고 다양합니다.

리츠에 비해 관련된 규제가 적어야 합니다.

Q. 정말 괜찮은 것 같네요. 장애물은 없습니까?

앞에 놓인 많은 도전 과제들이 있습니다.

토큰화된 부동산의 주요 매력은 유동성입니다. 유동성은 무엇보다도 양질의 자산에 의해 주도됩니다. 토큰화된 부동산은 그렇지 않으면 판매할 수 없는 낮은 등급의 자산과 관련될 수 있는 위험이 있습니다. 따라서 위험은 초기에 부동산 토큰화가 낮은 등급의 부동산 자산을 이동하는 데 사용되고 장기적으로 시장은 토큰화된 부동산이 품질이 좋지 않은 부동산이라고 가정합니다.

토큰화된 부동산의 제공은 규제가 따릅니다. 그 제공은 결국 담보를 포함합니다. 발기인은 규제되어야 하거나 규제를 받는 사람을 통해 운영되어야 합니다. 토큰을 사용할 수 있는 거래소는 규제되어야 합니다. 제공 자체가 규제를 준수해야 할 것입니다. 규제를 충족하지 못하면 문제가 될 것입니다.

그러나 토큰화된 부동산 프로젝트는 리츠보다 규제가 적을 것입니다. 홍콩을 예로 들어봅시다. 홍콩 정부가 부동산 투자의 공공 거래가 대중을 보호하기 위해 특정한 요건을 요구하는 특정적 특징을 가지고 있다고 보기 때문에 홍콩에서 리츠가 규제됩니다. 이는 이유가 있습니다. 국회의원들이 규제의 리츠 우산(또는 유사한 일련의 규칙) 아래 토큰화된 부동산을 가져오도록 법과 규제를 바꿀 것인가요? 그렇게 하기 위한 정책적인 주장이 있을 수 있습니다.

인프라는 홍콩에도 없습니다. 은행, 관리인, 신탁 관리인, 거래소, 중개인, 가치 평가인 및 감사인이 모두 참여해야 하며, 이를 위해 승인 및 허가받아야 합니다. 그러면, 이들을 연결하는 기술은 목적에 적합해야 합니다.

Q. 최악의 시나리오는 무엇입니까?

최악의 경우 부실한 품질의 자산이 잘못 판매되어 여러 국가에 걸쳐 소매 투자자 손실이 발생하고, 기반 기술에 대한 신뢰 위기와 집행 단속으로 이어지는 경우입니다.

Q. ICO 같아요.

재미있네요.

토큰증권을 소유하면 자산을 어떻게 소유하나요?

Q. 자산 기반 토큰증권 발행에서 토큰을 구매하면 자산 일부를 소유합니까? 자산을 토큰화하고 있습니까?

아니요. 부동산을 예로 들어보자고요. 기초 부동산을 토큰화하려면 토지 등록부의 토큰화가 필요합니다. 그러나 이런 일은 일어나지 않습니다. 당신은 아마도 간접적으로 부동산의 소유자인 회사의 지분을 소유하게 될 것입니다. 이것은 지분에 대한 간접적인 관심이고, 차례로 지분은 부동산에 대한 간접적인 관심을 나타냅니다. 토큰은 자산 담보 증권입니다.

Q. 그것은 간접적인 이익입니다. 그것은 구조화된 상품이거나 파생상품이 아닌가요?

토큰이 가격, 가치 또는 재산 수준(또는 재산 바스켓)의 변화에 따라 수익률이 결정되는 도구 또는 계약으로 간주할 수 있다면, 그것은 구조화된 상품입니다.

이러한 해석은 공모에 적용될 규제 체제에 영향을 미칠 것입니다.

Q. 토큰이 주식에 대한 간접적인 관심이라면, 우리는 주식을 토큰화하는 것입니까?

일반적으로 주식 또는 주식 등록부는 직접 토큰화되지 않습니다. 일부 지역에서는 그렇게 할 수도 있습니다. 주식발행 및 주식 이전 과정의 각 단계의 디지털화를 수용하기 위해 해당 법 제도의 법이 필요할 것입니다.
때로는 해결책을 찾을 수 없고, 때로는 그렇지 않을 수도 있습니다. 해결책을 찾을 수 없는 경우, 발행자는 다른 장소를 선택하거나, 법이 개정되기를 기다리거나, 전통적인 증권 발행을 수행하거나, 다른 방법을 찾아야 할 것입니다.

Q. 토큰화된 접근방식의 대안은 무엇입니까?

현재 자주 사용되는 대안은 회사가 관리인에게 주식을 발행하는 것입니다. 관리인의 역할은 주식(및 따라서 주식 등기부)을 보유하는 것입니다. 때로는 관리인 대신 또는 추가로 수탁자가 사용됩니다. 이는 구조와 토큰 권리에 따라 다릅니다.

그런 다음 회사는 디지털 토큰이 주식에서 파생되어 연결된 권리를 나타낸다고 선언합니다. 이는 일반적으로 배당과 같은 수익 흐름에 대한 권리이지만 의결권 및 주식과 관련된 기타 권리도 포함할 수 있습니다. 이는 예탁권과 유사한 구조입니다.

Q. 약간 복잡하네요.

그것은 투자 약정에 사용되는 법적 구조에 대한 추가적인 내용입니다. 따라서, 그것은 좀 더 복잡한 수준입니다.

Q. 이것은 일반인에게 제공하는 것입니다. 자산을 소유한 회사가 공기업입니까?

공공기관이 사용될 수 있습니다. 그러나 공공기업이 될 필요는 없고, 일반적으로 그렇지는 않을 것입니다. 일반적으로는 민간 회사가 될 것입니다.

홍콩에서는 개인 회사는 정관에 의해 회원의 수를 50명으로 제한하고, 대중에게 주식을 제공하는 것이 금지되며, 주식 양도에 대한 제한을 포함합니다. 주식은 회사의 자본에 대한 지분입니다. 회사는 회원 명부에 기재된 사람만을 그 지분의 소유자로 간주합니다.

이 사람은 주식의 법적 소유자입니다.

개인 회사임에도 불구하고, 주식에 대한 간접적인 관심이 더 광범위하게 제공되고 있습니다.

Q. 모순되지 않습니까?

주식에 대한 법적 소유권과 주식에 대한 평등한 이익 또는 권리를 분리할 수 있습니다. 토큰 발행에서는 주식과 연결된 간접적인 권리만이 폭넓게 제공되고 있습니다. 그 토큰이 2차 시장에서 거래되면 간접적인 이익만 거래되는 것이지 주식 자체에 대한 법적 이익은 거래되지 않는 것입니다. 주식에 대한 법적 이익은 여전히 고정적이며, 그 법적 이익은 정관이 정하는 양도에 제한이 있을 것입니다.

토큰증권 발행에는 어떤 규정이 적용됩니까?

Q. 증권법이 적용되는데요, 증권법이 토큰증권 발행에 적용되는 이유는 무엇입니까?

증권법은 증권이기 때문에 적용됩니다. 단서는 제목에 있습니다. 토큰증권입니다.

홍콩을 예로 들어봅시다. 증권선물조례(SFO)는 증권으로 간주하는 긴 범주의 목록을 요약하고 있습니다. 해당 범주 중 하나(그리고 아마도 그 이상)가 적용될 가능성이 있고 토큰증권의 발행은 곧 증권제공으로 간주할 것입니다. 더 가능성이 큰 범주는 회사가 발행한 주식, 집합투자 계획, 또는 구조화된 상품입니다.

Q. 공모가 증권으로 분류되면 어떤 결과가 발생합니까?

홍콩에서는 공모 문서에 대한 규제, 공모 및 후속 거래와 관련하여 홍콩에서 특정 활동을 수행하거나 대상으로 하는 사람에 대한 규제와 관련이 있습니다.

Q. 제공 문서에 적용되는 규정은 무엇입니까?

면제나 예외가 아니면, 모든 홍콩에서 대중에게 발행되는 토큰증권 공모와 관련하여 발행되는 공모 문서는 증권선물위원회(SFC)의 승인을 받아야 합니다.

대부분의 공모는 면제나 예외를 적용 받으려 할 것입니다. 구체적인 면제 또는 예외는 공모 자체와 토큰의 법적 성격에 따라 달라집니다.

만일 공모가 전문투자자로 제한되거나 홍콩에서 일반인에게 제공되지 않는 경우(주식 또는 사채 공모의 경우 50명으로 간주함) SFC 승인이 필요하지 않습니다. 전문투자자는 SFO에 의해 정의되며 일반적으로 기관투자자와 순자산이 높은 기업 및 개인투자자로 구성됩니다. 다른 면제가 적용될 수 있으며 일부 면제를 집계할 수 있습니다.

공모가 모두에게 공개된 소매 사업에서 이루어지면 SFC 승인이 거의 확실히 필요할 것입니다. 그러나 공모 문서의 SFC 승인을 위한 일반적인 프로세스는 토큰증권 공모의 특정 상황을 고려하기 위해 약간의 조정이 필요할 것입니다. SFC 승인은 처음에는 느리고 불확실할 것입니다.

기술적인 분야입니다. 매우 기술적입니다.

Q. 백서는 제공 문서입니까?

라벨에 관한 것이 아니라 내용물에 관한 것입니다.
오리처럼 걷고, 오리처럼 헤엄치고, 오리처럼 잽싸게 굴면 아마 오리일 거예요. 개라고 부르더라도.
"백서"가 증권이나 구조물 상품을 구입, 판매, 청약 또는 인수하거나 집합 투자계획에 대한 이해관계를 취득하거나 참여할 수 있는 계약체결 초대장을 기재한 문서라면, 이는 백서라고 해도 마찬가지입니다.

Q. 토큰증권 제공에 대한 백서는 문서를 제공하는 것처럼 작성되어야 한다는 것을 의미합니까?

네, 만약 그들이 증권제공과 관련이 있다면 그렇습니다. 사실, 그들은 더 이상 백서라고 불려서는 안 됩니다. 백서는 기술 애플리케이션에 대한 기술적 설명이었습니다. 토큰증권 제공은 단순히 증권의 제공이며, 기술에 의해 실질적으로 프로세스와 실행에 도움을 받습니다. 그것은 무엇보다도 먼저 증권제공입니다.

즉, 증권제공을 위한 표준 개인 배치 비망록은 기술의 중요하고 실질적인 영향을 위해 조정되어야 할 것입니다.

Q. 토큰 판매 조건을 구독 계약처럼 작성해야 한다는 뜻입니까?

네, 만약 그들이 증권에 대한 청약 또는 구매와 관련이 있다면. 투자자의 분류와 공모의 성격을 둘러싼 전형적인 언어가 중요할 것입니다. 표준 청약 계약은 기술이 프로세스에 미치는 영향에 맞게 조정되어야 할 것입니다.

Q. 면제는 어떻습니까?

규제된 활동마다 다른 면제가 있습니다. 그러나 홍콩 사람들이 허가받지 않고 홍콩에서 토큰증권 제공을 시작할 수 있는 면제 구조는 상상하기 어렵습니다.
또한, 그것은 기술적입니다. 매우 기술적입니다.

Q. 전문투자자만 대상으로 하면 어떻게 됩니까?

이것은 당신이 제안하기 전에, 당신이 제안하고자 하는 사람이 전

문투자자라는 것을 확인할 수 있다고 가정할 때, 제안서류 준비에
도움이 될 것입니다.

원칙적으로 홍콩에서 토큰증권 제공을 위해 일하는 사람들이 있다
면, 그들은 규제된 활동이고 그 사람들은 면허를 소지할 가능성이
매우 큽니다.

STO를 위한 주요 프로젝트팀 멤버는 누구입니까?

Q. STO를 수행하려면 누구와 협력해야 합니까?

발행플랫폼, 유통업체(중개인-딜러), 상장 플랫폼, 법무팀 및 재무 고문과 함께 일해야 할 것입니다. 또한 감사, 평가 회사 및 수탁자와 함께 일해야 할 수도 있습니다.

Q. 파티가 많은 것 같은데 누구한테 먼저 연락하면 될까요?

당신이 모든 사람과 연락하기 전에는 그 프로젝트는 실제로 시작되지 않을 것입니다.

법무팀, 재무 자문사, 발행플랫폼부터 시작하시면 됩니다.

Q. 변호사, 금융가, 발행인. 그들의 역할은 무엇인가요?

발행플랫폼은 토큰 발행을 위한 기술 플랫폼과 지원을 제공합니다. 발행플랫폼은 또한 기업 서비스 제공자 및 상장 플랫폼과 긴밀하게 협력하며, 특히 이미 좋은 업무 관계를 가지고 있는 경우에는 더욱 그렇습니다. 그들은 또한 후속 상장을 조정하고, 진화하는 시장 관행과 상장 플랫폼의 새로운 요구사항에 따라 토큰을 최신 상태로 유지하는 데 도움을 줄 수 있습니다.

법률팀은 초기 단계에서 STO의 기초자산을 구조화하는 방법에 대해 조언하고 비즈니스 모델에 중대한 법적 또는 규제적 장애가 있는지를 조언할 수 있습니다.

재무 고문은 STO의 예상 비용과 수익률에 대해 사전 조언을 할 수 있습니다. 너무 늦기 전에 이것이 당신에게 받아들여질 수 있는지 평가할 수 있을 것입니다.

Q. 계약은 STO 프로젝트만을 위한 것입니까?

아니요, 발행플랫폼은 STO만을 위한 것이 아니라 장기적으로 참여할 것입니다. 발행플랫폼은 토큰 판매를 종료한 후에도 토큰증권을 계속 모니터링할 것입니다. 이는 소유권 등록을 관리하고 토큰의 최종 수혜자와 토큰화된 투자 비중을 확인하는 데 도움이 될 수 있습니다. 이는 STO 회사가 마감 후 미래에 배포할 때 중요한 기능입니다.

STO가 완료된 후에도 법무팀은 STO 회사에 임시로 법률 지원을
계속 제공할 수 있습니다. 예를 들어 투자자에게 공고를 내기 전에
법률 자문할 수 있습니다.

Q. 재정 고문들은 그 프로젝트를 유지하기 위한 조언자입니까?

네. 재무 고문은 STO의 중요한 고문이며, STO 회사가 처음으로 참
여하는 사람일 가능성이 큽니다.

재무 고문의 주요 기능은 다음과 같습니다.
◆ STO의 재정적 실행 가능성을 평가합니다.
◆ STO의 구조에 대한 지침을 제공합니다.
◆ 토큰의 안내 및 조언(소프트 캡, 하드 캡, 주조 토큰 수, 발행 가격 및 할당 비
  율 포함)을 제공합니다.

다른 프로젝트팀 참가자(예: 발행 플랫폼, 목록 플랫폼 및 기타 조언자)를 쉽게
소개할 수 있습니다.

토큰증권과 관련된 금융 고문은 홍콩에서 6종(기업 금융에 관한 조언)에
대한 허가가 필요할 것이라는 것이 일반적인 예상입니다. 그러나

증권감독위원회는 아직 이 점에 대해 확인하거나 지침을 제공하지 않았습니다.

Q. 당신은 위에서 브로커 딜러를 언급했습니다. 토큰증권 상장 플랫폼이 있기 때문에 브로커 딜러가 필요하다고 생각합니까?

네. 홍콩에서 STO의 유통 또는 브로커 거래 활동에 종사하는 사람은 증권선물위원회("SFC")로부터 제1종(증권거래) 면허를 보유해야 합니다. 그러나 그들의 역할은 그 이상입니다. 그들은 또한 다음과 같은 것을 할 수 있습니다.

STO가 홍콩의 증권법과 SFC 규제 기준을 준수하는 방식으로 구조화되고 자원화되는지 확인하기 위해 STO에 대한 실사를 수행합니다.

브로커 없이는 허용되지 않는 마케팅 캠페인을 시작할 수 있도록 도와줍니다.
홍콩의 모든 허가받은 브로커 딜러가 토큰증권 배포를 승인받는 것은 아닙니다.

브로커 딜러는 토큰증권 배포 승인을 위해 증권감독위원회와 통보 및 승인 절차를 완료해야 합니다.

Q. 그리고 브로커 딜러와 언제부터 이야기해야 합니까?

초기 단계에 브로커 딜러를 참여시키는 것이 좋습니다. 실사 과정에서 STO 구조나 프로세스가 변경될 수 있습니다. 또한 실사가 완료되면 브로커 딜러는 홍콩에서 투명하고 집중적인 마케팅 캠페인을 진행할 것입니다.

Q. STO를 수행할 위치를 어떻게 알 수 있습니까?

당신은 STO의 중요한 측면인 토큰증권의 상장 및 거래를 위해 상장 플랫폼이 필요할 것입니다.

목록 플랫폼을 선택할 때 고려해야 할 주요 요소는 다음과 같습니다.
규제 상태 및 상장 플랫폼의 명성.
목록 플랫폼에 나열된 토큰증권의 품질입니다.
시작할 토큰증권과 목록 플랫폼의 통합 요구사항.
상장 플랫폼의 상장 조건 및 요구사항.
목록 플랫폼이 다른 필요한 서비스 공급자(예: 관리자, 발행 플랫폼 또는 기업 서비스 공급자)에 연결하는 기능.

목록 플랫폼이 위치한 관할권.

STO 회사의 주요 운영 장소에 대한 서비스 지원.

고객들 사이에서 상장 플랫폼의 인기.

Q. 홍콩에서는 어떤 상장 플랫폼을 이용할 수 있습니까?

현재 상장 플랫폼은 대부분 미국, 영국 및 EU에 있습니다. 홍콩에서는 SFC가 가상자산 거래플랫폼이 토큰증권을 거래할 수 있도록 하는 라이선스에 대해 가상자산 거래플랫폼의 신청을 받습니다. 홍콩의 관련 라이선스는 유형 1(증권거래)과 유형 7(자동거래서비스 제공) 라이선스입니다.

글로벌 24시간 연중무휴 거래플랫폼 기능을 달성하는 것이 목표임을 감안할 때, 우리는 주요 지역 지리의 핵심 허브에 플랫폼이 집중될 것으로 예상합니다. 홍콩은 아시아 태평양 지역의 핵심 허브입니다.

Q. 상장 플랫폼은 토큰증권 발행에 어떤 역할을 하나요?

네, 인기 있는 상장 플랫폼은 STO에 모금을 할 수 있는 시스템을 제공합니다. 또한 토큰 보유자 관리를 돕고 배당금 지급이 이 플랫폼을 통해 시스템적으로 이루어집니다.

Q. 법무팀의 역할은 무엇입니까?

규제, 법적 구조 및 법적 절차는 STO의 핵심입니다. 법률 고문은 초기 단계에 참여해야 하는 핵심 프로젝트팀 구성원입니다.

법률 고문이 수행하는 필수 업무는 다음과 같습니다.

회사 구조에 대한 조언.
토큰증권의 법적 특성에 대한 조언.
STO를 위한 문서의 초안 및 준비.
토큰증권 마케팅에 대한 해당 규칙 및 규정에 대한 조언.
상장 플랫폼의 요구 사항을 충족하는 것에 대해 회사에 조언합니다.

일반적으로 STO(AML 규정 포함)에 대한 규제 및 컴플라이언스 문제에 대한 조언 등입니다.

STO는 종종 여러 관할권을 기반으로 수행되며, STO 회사는 다른 지역 변호사들의 역할과 책임을 관리할 법률 고문을 임명합니다.

Q. '기업 구조'가 STO에 중요한 요소인가요?

네, 기업 구조는 STO 프로젝트의 가장 핵심적인 영향을 미치는 요소입니다. 투자자들은 토큰증권(가상자산)이 법적 문제로서 기초자산의 소유권을 나타낸다는 점을 확신해야 합니다. 그렇지 않으면 투자자들은 투자하지 않을 것입니다.

기초자산의 범주는 이 목표 달성을 위한 법적 문제에 중대한 영향을 미칩니다. 종종, 토큰증권은 기초자산에 대한 간접적인 소유권으로 이해될 것입니다. 따라서, 토큰증권을 거래하는 것은 자산의 직접적인 소유권의 변화를 수반하지 않습니다.

예를 들어, 토큰증권은 건물에 대한 간접적인 소유권 이익을 나타낼 수 있습니다. 토큰증권을 거래한다고 해서 건물의 소유권 이전이 있는 것은 아닙니다. 토큰증권으로 대표되는 간접적인 소유권만 바뀔 뿐입니다.

법률 고문은 사용자에게 다양한 결과를 제공하기 위해 구조를 검토하고 평가할 수 있는 핵심 인물입니다.

Q. 그렇다면 관련된 문서는 무엇입니까?

STO의 주요 법률 문서는 다음과 같습니다.

모집 각서. 구독 계약 또는 토큰증권 구매 계약, 보관 계약이 필요한 경우 신탁 증서 또는 보관자 계약, 그리고 기타 문서에는 다음이 포함될 수 있습니다.

유통 계약. 인수 계약. 보증 증서. 기술 백서 등입니다.

감사합니다.

Q. 재정적인 측면은 어떤가요?

상장 플랫폼에 토큰증권을 상장하려면 감사 및 평가 관련 업무를 담당할 회사의 선임이 필요합니다. 토큰화를 위한 자산을 보유한 사업체에 대해 감사 계정을 준비해야 하며, 감사 계정은 상장일에 가까운 날짜에 준비해야 합니다.

감사 대상 계좌를 확정하기 위해서는 평가 보고서가 필요할 것입니다. 복잡한 문제나 상장 일정 지연을 피하기 위해서는 평가 전문가들이 초기 단계부터 참여해야 합니다.

상장 플랫폼에 의한 명시적인 요건이 아니더라도 감사 및 평가 회사는 투자자들에게 사업이 얼마나 건전한지 보여주는 데 도움이 될 수 있습니다. 재무 정보가 긍정적이면 투자자들은 투자할 가능성이 더 큽니다.

Q. 세금 전문가는요?

세무 관련 고문 또한 매우 중요합니다. 공모 수익에 대한 과세는 다양한 국가의 관할권에서 다르게 취급될 것입니다. 세무 고문은 토큰증권의 초기 구매자에게 세무 결과와 이후 토큰증권의 거래에 대해 조언할 것입니다. 세무 고문은 또한 STO 이전 약정에서 자산에 대한 조세 효율적인 구조 조정 계획을 제공할 수 있지만, 이는 때때로 재정 고문에 의해 커버될 수도 있습니다.

Q. 수탁자 또는 관리자가 필요한 이유는 무엇입니까?

자산의 토큰화의 핵심적인 장점 중 하나는 토큰화가 그렇지 않으면 활발하게 거래될 수 없는 자산에 대해 유동적이고 적극적인 거래를 가능하게 해야 한다는 것입니다. 예를 들어, 부동산의 소유권 변동을 기록하는 데 필요한 세금, 신고 및 기타 과정 때문에 재산에 대한 직접적인 이해관계의 활발한 거래가 불가능합니다. 토큰화 과정은 이 난제를 극복하고, 신탁 또는 보관자 약정은 이를 달성하는 수단 중 하나입니다.

수탁자 또는 관리자는 다음을 수행해야 합니다.

토큰증권의 소유권을 모니터링합니다.
자산 혹은 이익금을 분배할 목적으로 소유권을 확인합니다.
소유권 문서를 보유하여 기초자산의 직접 소유권을 증명합니다.
수탁자와 관리인은 가상자산을 보유하는 기술, 자원 및 능력을 입

증할 수 있어야 합니다. 일반적으로 수탁자와 관리인은 규제 대상
이 될 것입니다.

Q. 또 다른 전문가는 필요 없나요?

사실 당신이 끝까지 있어야 합니다.
그리고, 마지막 생각은…
STO는 대단히 중요한 일입니다.

프로젝트를 위해 STO를 추진하고자 하는 사람들은 각 분야의 전문
가이어야 합니다. 또한 관련 분야의 최신정보까지 잘 알아야 합니
다. 이게 바로 규제 프로세스입니다. 가능한 한 일찍 관련 전문가
와 상담하고 참여시켜야 합니다. 이는 STO가 복잡한 법률 및 규정
을 준수하는 데 도움이 되며, STO가 원활하고 성공적으로 완료할
수 있도록 지원합니다.

<Global List of Security Token Exchanges for Digital Securities>

Live Security Token Exchanges:

North America

United States

Tzero — https://tzero.com

Status: Live

Securities Focus: Asset Agnostic

Notes: Open to retail non-accredited and accredited investors in the US as well as accredited investors globally. Currently trading one security token, the Tzero Equity Token.

INX— inx.co

Status: Live

Securities Focus: Asset Agnostic

Notes: Open to accredited investors globally. Currently trading six security tokens, INX, SPiCE VC, Blockchain Capital, Protos, Science Blockchain, and 22x Fund.

ISTOX — https://www.istox.com/

Status: Live — Singapore

Securities Focus: Asset Agnostic

Notes: Testing privately Q4 2019. Aims for full operations in 2020.

Nxchange—https://www.nxchange.com/

Status: Live — Amsterdam

Securities Focus: Equities

Notes: Currently trading Startupbootcamp tokenized IPO.

Decentralized Exchanges

Uniswap — https://uniswap.io/

Status: Live

Securities Focus: Not specified

Notes: Decentralized exchange currently trading a real estate property from RealT. Partnership established for future listings. SEC regulatory approval process unclear at this time.

Africa

Seychelles

MERJ — https://merj.exchange/

Status: In development

Securities Focus: Not specified

Notes: Traditional securities exchange that launched a conjoining STO platform. MERJ sold its own equity as a security token in Q3 2019, which is now trading freely on its exchange. Issuance partner Globacap to assist with additional tokenized assets.

Security Token Exchanges In Development:

North America

United States

Rialto Markets —https://rialtomarkets.com/

Status: Expected Launch: September 2020

Securities Focus: Agnostic

Notes: Obtained the regulatory approval necessary to commence operations of the Rialto ATS to trade Digital Asset Securities.

North Capital (PPEX)— https://www.ppex.com/

Status: In development

Securities Focus: Agnostic

Notes: Obtained the regulatory approval necessary to commence operations of the PPEX ATS to trade Digital Asset Securities.

Boston Security Token Exchange — https://www.bstx.com/

Status: In development — launch expected in H1 2020

Securities Focus: All asset-backed tokens that meet BSTX standards.

Notes: It will not support trading of security tokens offered under an exemption from registration for public offerings, with the exception of certain offerings under Regulation A. Joint venture between BOX Exchange and tZERO.

Securitize Instant Access — https://securitize.io

Status: In development

Securities Focus: Agnostic

Notes: Private liquidity pool for issued tokens.

Sharespost—http://sharespost.com

Status: Live

Securities Focus: Secondary Sale of Private Equity

Notes: Resale of traditional private equity ownership in unicorn companies. Future securitization expected.

Templum — https://templuminc.com/home

Status: Live

Securities Focus: Asset Agnostic

Notes: No clarity on quality or volume of assets currently being exchanged.

Orderbook by Ambisafe — https://www.orderbook.io/

Status: Live

Securities Focus: Secondary Sale of Private Equity

Notes: Resale of traditional private equity ownership in unicorn companies. Future securitization expected.

Polybird — https://polybird.io

Status: In development

Securities Focus: Agnostic (revenue share agreements, LP shares — HF/PE/VC, private US stocks, private US debt, international stocks, bonds, commercial real estate — debt/equity, infrastructure — debt/equity)

Note: Regulated in the United States but a global platform. Not limited to trading; offering can also be conducted on the platform.

Coinbase — https://www.coinbase.com/

Status: In development

Securities Focus: Not specified

Notes: Currently offering custody services for Blockchain Capital (BCAP) security token. Investment in Securitize issuance platform. Exchange services expected in 2020.

KoreKonX —http://koreconx.com

Status: In development

Securities Focus: Equities

Notes: Open to accredited investors globally. Equity crowdfunding liquidity focus.

VRBex — http://vrbex.com

Status: In development

Securities Focus: Equities

Notes: Open to accredited investors globally. No recent update on exchange launch.

Miami International Exchange —https://www.miaxoptions.com/

Status: In development

Securities Focus: Equities

Notes: Live traditional exchange with new focus on security tokens

Nash Exchange — https://nash.io

Status: In development

Securities Focus: Equities

Notes: Exchange security token launched. No recent update on exchange launch.

New York Security Token Exchange — https://www.nystx.com/

Status: In development

Securities Focus: Equities

Notes: No recent activity.

Oasis Pro Markets — https://oasispromarkets.com

Status: In development

Securities Focus: DeFi, Fixed Income, Equities, and GP/LP Funds

Notes: FINRA Approved ATS

Glass — https://glassnet.io/

Status: In development

Securities Focus: Equities

Notes: Launched by SharesPost. Huobi, OKEx, OKCOIN partnerships. No recent activity.

SeriesOneX —https://seriesone.io/

Status: In development

Securities Focus: Not specified

Notes: Joint venture between CPROP and seriesOne Securities LLC ("seriesOne"), a USbased FINRA-registered broker. The new company, seriesOneX LLC, will focus on building securities exchanges in key financial centers around the world to serve as a regulated marketplace for digital asset securities.

Canada

Canadian Securities Exchange — https://thecse.com/

Status: In development

Securities Focus: Equities

Notes: Traditional securities exchange launching STO platform.

FreedomX — https://about.tokenfunder.com/

Status: In development

Securities Focus: Equities

Notes: Recently approved by the Ontario Securities Commission.

Europe

United Kingdom

London Stock Exchange — https://www.londonstockexchange.com/

Status: In development

Securities Focus: Private Equities

Notes: Traditional securities exchange launching STO platform.Successful test trade of 20/30 tokenized equity completed on LSE's Turquoise equity trading service.

Archax — https://www.archax.com/

Status: In development

Securities Focus: Not specified

Notes: Partnerships with live security tokens and top STO issuance platforms globally.

TokenMarket — https://tokenmarket.net/

Status: In development

Securities Focus: Not specified

Notes: Successful security token equity fundraise. Security token exchange demo is live on site.

MAX Markets — https://www.maxmarkets.net/

Status: In development

Securities Focus: Agnostic

Notes: Awaiting FCA approval.

Germany

Boerse Stuttgart Digital Exchange — https://www.bsdex.de/de/

Status: In development

Securities Focus: Agnostic

Notes: Joint venture of Boerse Stuttgart, Axel Springer finanzen.net, and SBI Group. Regulated digital asset exchange which complies with the German Banking Act.

HQLAx — https://www.hqla-x.com/

Status: In development

Securities Focus: Agnostic

Notes: Joint venture between HQLAx and Deutsche Börse Group that provides market participants with improved collateral mobility across a fragmented securities settlement eco-system on the Corda blockchain.

Deutsche Börse—https://deutsche-boerse.com/dbg-en/

Status: Partnership Signed with Cashlink

Securities Focus: Not specified

Notes: According to a recent press release, investors on the Deutsche Börse Venture Network (DBVN) will be able to purchase and transfer digital assets using tools designed with distributed ledger technology.

Liechtenstein

Blocktrade — https://blocktrade.com/

Status: In development

Securities Focus: Not specified

Notes: Acquired by Cryptix AG in August 2019

Liechtenstein Cryptoassets Exchange — https://www.lcx.com/

Status: In development

Securities Focus: Not specified

Notes: Recently announced the hosting of investment fund token.

Estonia

DX.Exchange — https://dx.exchange/

Status: In development

Securities Focus: Not specified

Notes: Exchange security token launched. Plans to launch full exchange services.

Rokkex — https://exchange.rokkex.com/markets

Status: In development

Securities Focus: Not specified

Notes: Exchange security token launched. Plans to launch full exchange services in 2020.

Netherlands

EuroNext — https://euronext.com/en

Status: In development

Securities Focus: Not specified

Notes: Traditional securities exchange launching STO platform. $5MM investment in issuance platform Tokeny.

Dusk Network — https://dusk.network/
Status: In development
Securities Focus: Not specified
Notes: Dusk has plans to tokenize shares for thousands of SMEs in the Netherlands and the Benelux region. The firm has acquired a minority stake in the Nederlandsche Participatie Exchange (NPEX).

Switzerland
SygnEx — https://www.sygnum.com/
Status: In development
Securities Focus: Asset Agnostic
Notes: Dual regulatory approval in Switzerland and Singapore. In development.

Six Digital Exchange — https://www.sixdx.com/en/home.html
Status: In development
Securities Focus: Not specified
Notes: Traditional securities exchange launching STO platform. Launch expected in early 2020

Lykke — https://www.lykke.com/
Status: In development
Securities Focus: Equity and bonds
Notes: Launching white label exchange in partnership with Nxchange

STX Exchange — https://www.stx.swiss/
Status: In development

Securities Focus: Not specified

Notes: Plans to list its first security token of Switzerland-based firm Blockimmo equity, IMMO.

Smart Valor — http://smartvalor.com

Status: In development

Securities Focus: Not specified

Notes: Recently launched a fiat to crypto on-ramp exchange. Security token exchange is rumored to be on the way.

Mt Pelerin — https://www.mtpelerin.com

Status: In development

Securities Focus: Asset Agnostic

Notes: Successful share-token fundraise. Live equity tokenization service. Applying for a banking license in Switzerland.

Gibraltar

Gibraltar Blockchain Exchange — https://www.gsx.gi/

Status: In development

Securities Focus: Not specified

Notes: Traditional securities exchange launching STO platform.

Malta

LXDX — https://www.lxdx.co/

Status: In development

Securities Focus: Equities

Notes: Exchange security token launched. No recent update on exchange launch.

MSX PLC — https://www.borzamalta.com.mt/

Status: In development

Securities Focus: Not specified

Notes: Traditional securities exchange launching an STO platform with Binance partnership.

OKMSX — No website yet

Status: In development

Securities Focus: Not specified

Notes: Partnership with the Maltese Stock Exchange delayed from initial Q1 2019 launch. No recent activity.

Malta Digital Exchange — http://maltadx.com/

Status: In development

Securities Focus: Not specified

Notes: Working closely with the Maltese Stock Exchange.

ABE — https://www.abe.io/

Status: In development

Securities Focus: Not specified

Notes: Based in Dallas, TX, but the exchange is regulated through Malta/Brussels. Uses depository receipts (DR) to create a wrapper to allow for ownership of foreign equities.

Belarus

Currency.com — https://currency.com/

Status: In development

Securities Focus: Not specified

Notes: Access to global equities tracked by crypto products. Not available to US investors. Beta since January. Mobile app live.

British Virgin Islands

Atlant — https://atlant.io

Status: In development

Securities Focus: Real Estate

Notes: No recent updates on progress.

Asia

Singapore

Sygnum — https://www.sygnum.com/

Status: In development

Securities Focus: Asset Agnostic

Notes: Dual regulatory approval in Switzerland and Singapore. In development.

1exchange — https://www.1x.exchange/

Status: Live

Securities Focus: Equities

Notes: 1exchange has been approved as a Recognised Market Operator by the Monetary Authority of Singapore.

Vaultex — http://vaultex.com/

Status: In development

Securities Focus: Asset Agnostic

Notes: License acquired from MAS. Launch expected in 2020.

ECXX — https://www.ecxx.com/

Status: In development

Securities Focus: Not specified

Notes: In addition to being admitted as a Recognised Market Operator (RMO) by the Monetary Authority of Singapore (MAS) to the Fintech Sandbox under the Recognised

Market Operator (RMO) regime, ECXX has also applied for a license under the Payment Services Act

DBS Digital Exchange — https://www.dbs.com/
Status: In development
Securities Focus: Not specified
Notes: DBS Digital Exchange has been approved as a Recognised Market Operator by the Monetary Authority of Singapore.

Japan
Japan Exchange Group — https://www.jpx.co.jp/english/
Status: In development
Securities Focus: Not specified
Notes: Japan Exchange Group (JPX), owner of the Tokyo Stock Exchange, and the Japan Securities Depository Center said they are planning to pilot a blockchain platform for sharing securities post-trade information.

SBI — https://www.sbigroup.co.jp/
Status: In development
Securities Focus: Not specified
Notes: The company said it would handle over-the-counter transactions for the secondary trading of tokens that it has issued.

China
Huobi — https://www.hbg.com
Status: In development
Securities Focus: Not specified
Notes: Extremely large cryptocurrency exchange. Plans to launch security token exchange Q2 2020.

India

Bombay Stock Exchange— https://www.bseindia.com/

Status: In development

Securities Focus: Equities

Notes: Launched a platform to trade digital securities called the Request for Quote (RFQ). The platform enables users to carry out trading activities digitally apart from settlement in debt.

Philippines

Cezex — https://cezex.io/

Status: In development

Securities Focus: Gold and Real Estate

Notes: Plans to go live Q1 2020.

CryptoSX — https://cryptosx.io/

Status: In development

Securities Focus: Not specified

Notes: CryptoSX is compliant with all of the applicable financial and virtual exchange policies and regulations of the Philippine government under CEZA (Cagayan Economic Zone Authority).

Mauritius

HYBSE International Marketplace — No website yet

Status: In development

Securities Focus: Commodities, index funds, ETFs, Equities

Notes: Joint venture between MINDEX Holdings Limited, GMEX Group Limited, and Hybrid Stock Exchange Corporation Limited.

Thailand

ERX — https://er-x.io/

Status: In development

Securities Focus: Agnostic

Notes: In partnership with Elevated Returns, the issuer behind the St. Regis Aspen Tokenized Hotel trading on tZERO.

Australia

Australian Securities Exchange — https://www2.asx.com.au/

Status: In development

Securities Focus: Agnostic

Notes: According to company documentation, ASX seeks to begin industry testing as early as July 2020.

Caribbean

Antigua

Globex—https://globex.site/

Status: In development

Securities Focus: Gold and Real Estate

Notes: Plans to go live Q1 2020.

Jamaica

Blockstation — https://blockstation.com/

Status: In development

Securities Focus: Not specified

Notes: Partnership with traditional securities exchange, the Jamaican Stock Exchange. Plans to go live by Q1 2020.

Barbados

• • STO 토큰증권 발행

Blockstation — https://blockstation.com/

Status: In development

Securities Focus: Not specified

Notes: Partnership with traditional securities exchange, the Barbados Stock Exchange. Plans to go live by Q1 2020.

Tokenise —https://www.tokenisegroup.com/

Status: In development

Securities Focus: Not specified

Notes: ATS license approved, launch TBD.

Cayman Islands

BnkToTheFuture — https://bnktothefuture.com/

Status: In development

Securities Focus: Asset Agnostic

Notes: Investment platform that acquired Altcoin.io to launch a security token exchange.

United Arab Emirates

DEX — https://dex.ae/

Status: In development

Securities Focus: Not specified

Notes: Crypto exchange based out of Abu Dhabi. No timeline for the launch of a security token exchange.

ADAX — https://adax.ae/

Status: In development

Securities Focus: Not specified

Notes: Crypto exchange based out of Dubai. No timeline for the launch of a security token exchange.

Africa

Seychelles

SecDex —https://www.secdex.net/

Status: In development

Securities Focus: Not specified

Notes: The SECDEX Group business includes an exchange offering traditional and digital assets, a central counterparty clearing house (CCP) and a central securities depository with registry authorised and regulated by the Seychelles Financial Services Authority (FSA). SECDEX also operates a digital custodian regulated under the sandbox of the Seychelles FSA to custody digital assets.

Rest of the World

Greenland

Arctic Exchange — Rumored Security Token Exchange

More Information TBA

Decentralized Exchange

Convergence Protocol —https://conv.finance/

Status: In development

Securities Focus: Not specified

Notes: Decentralized interchangeable asset protocol. Focus on security tokens lacking liquidity by leveraging an automated market-making model.

Capital Dex— https://curioinvest.com/

Status: In development

Securities Focus: Not specified

Notes: Launched alongside the CurioInvest fundraising platform for security token offerings.

https://docs.oasis.dev/general/faq/oasis-network-faq

https://docs.yearn.finance/ DeFi-glossary#financial-primitive

https://docs.yearn.finance/ DeFi-glossary#financial-primitive

https://dstreet.io/news/view-detail?id=N20201028105207379982

https://economictimes.indiatimes.com/ DeFinition/risk-management

https://economictimes.indiatimes.com/ DeFinition/risk-management

Reference

〈일러두기〉 현재까지 국내외적으로 STO 관련 참고자료나 책이 상당히 부족한 것이 사실이다. 본서는 금융위, KCMI 등의 자료가 있어서 출판이 가능했다고 생각된다. 이들 기관과 저자들에게 진심으로 감사드린다. 본서가 한국의 STO에 조그만 도움이라도 되길 진심으로 바란다.

금융위, 2023.2, 토큰증권(Security Token) 발행·유통 규율체계 정비방안

여밀림, 선임연구원, KCMI, 2021, 일본의 토큰증권 발행(STO) 현황과 시사점

한아름 선임연구원, KCMI, 2023.1, 국내 토큰증권 발행(STO) 현황 및 시사점

file:///C:/Users/NoteBook/Downloads/SSRN-id3634626.pdf

http://wiki.hash.kr/index.php/STO

https://cointelegraph.com/learn/sto-101-a-beginners-guide-on-launching-a-security-token-offering

https://dailycoin.com/security-token-issuance-top-7-alternative-sto-launchpads-to-consider/

https://easylaw.go.kr

https://en.wikipedia.org/wiki/Security_token_offering

https://hedera.com/learning/tokens/what-is-a-security-token-offering-sto

https://paytechlaw.com/en/security-token-offering/

https://republic.com/blog/crypto/intro-to-securities-token-offerings

https://securitize.io/resources/security-token-offering

https://securitytoken.medium.com/complete-list-of-security-token-exchanges-marketplaces-1615fde71645

https://securitytoken.medium.com/complete-list-of-security-token-exchanges-marketplaces-1615fde71645

https://tokenist.com/investing/security-tokens-explained/

https://www.congcap.com/?gclid=Cj0KCQjw5f2lBhCkARIsAHeTvlgGPrTkIFd-ud6hL4eUdGX872mxp6uv4r4Ku-SDPAlJDDt1VnA0Kj8aAgUUEALw_wcB

https://www.creatrust.com/investments-funds/crypto-funds/security-token-offering-fund

https://www.digift.sg/weekly_roundup/insights_20230125.html

https://www.ive.one/glossary/security-token-offering

https://www.kci.go.kr/kciportal/ci/sereArticleSearch/ciSereArtiView.kci?sereArticleSearchBean.artiId=ART002568056

https://www.scorechain.com/resources/crypto-glossary/sto-security-token-offering

https://www.sec.gov/Archives/edgar/data/1767357/000176735719000001/edgarhgoffstate020819a.pdf

https://www.wipro.com/blogs/abdemanaf-rangwala/security-token-offerings-what-does-it-offer/

https://www.wsgr.com/publications/PDFSearch/token-offering-1019.pdf

https://www2.deloitte.com/content/dam/Deloitte/cn/Documents/audit/deloitte-cn-audit-security-token-offering-en-201009.pdf

https://medium.com/tokyo-fintech/first-sto-in-japan-by-sbi-group-705f55d43fae

STO 토큰증권 발행

초판 1쇄   2023년 09월 01일

지은이   이종성, 고종문
발행인   김재홍
교정/교열   김혜린
디자인   박효은
마케팅   이연실

발행처   도서출판지식공감
등록번호   제2019-000164호
주소   서울특별시 영등포구 경인로82길 3-4 센터플러스 1117호 (문래동1가)
전화   02-3141-2700
팩스   02-322-3089
홈페이지   www.bookdaum.com
이메일   jisikwon@naver.com

가격   17,000원
ISBN   979-11-5622-823-3 93320